JN096841

令和に語り継ぐ

# 豊橋空襲

岩瀬 彰利 著

※「最新豊橋市街地図」（昭和十九年）を下図とし、『日本戦災地図』および、空襲直後に撮影された航空写真をもとに作成したものです。

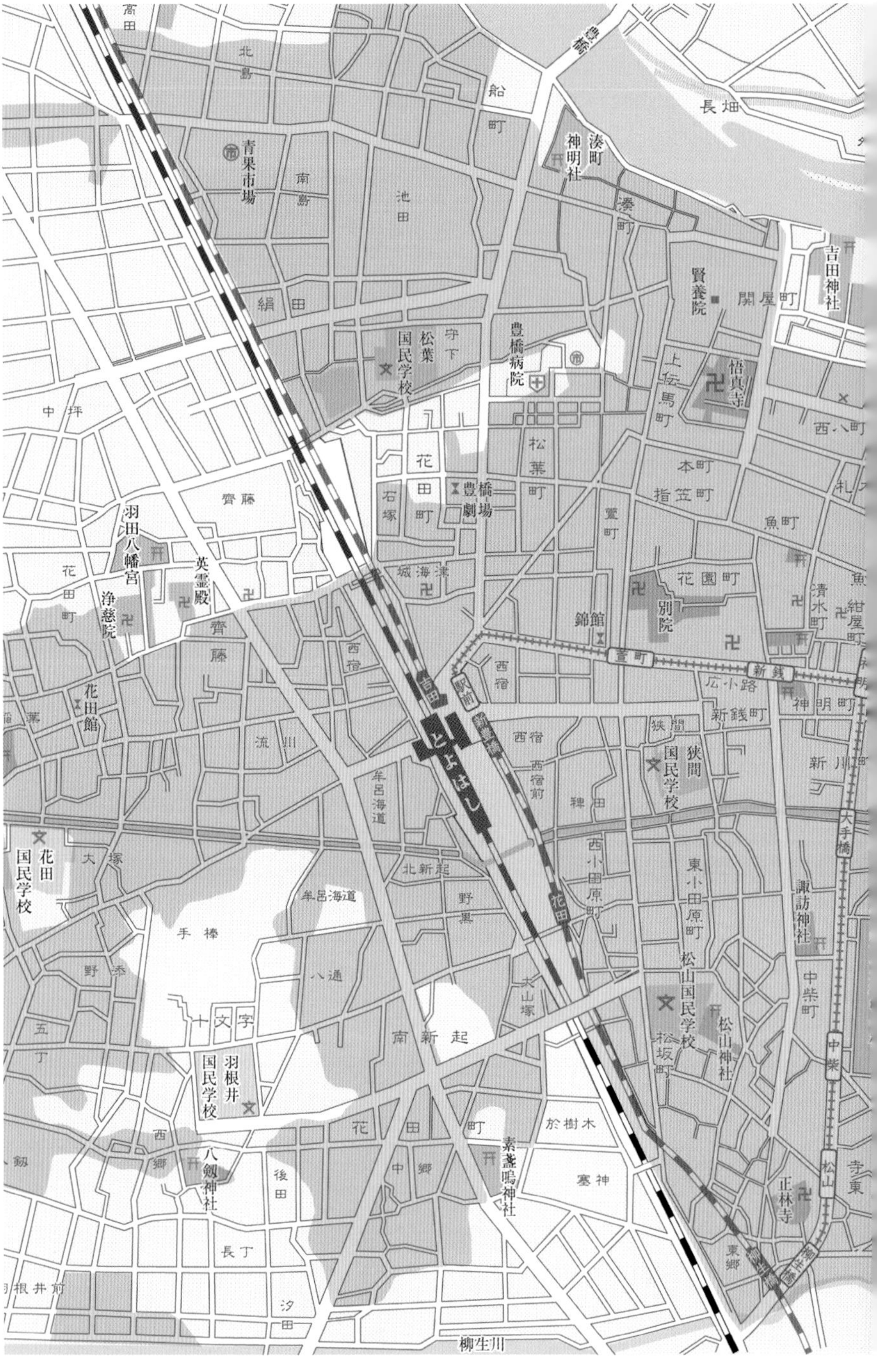

〈凡例〉　▨ ＝空襲で焼失した地域　■ 省営鉄道　■ 私営鉄道　＋＋＋＋ 市内電車　✕ 警察署　◇ 税務署

🏛 図書館　文 学校　开 神社　卍 寺院　Ⓜ 市場　🎭 活動演芸場　⊞ 病院

豊川

中部百部隊（元歩兵十八聯隊）

神武天皇銅像

八町練兵場

青龍寺

素盞嗚神社

飽海町

西脇

大蓮寺

東田古墳

薬師

公会堂

図書館

神明社

豊橋警察署

中八町

東八町

税務署

八町国民学校

中八町

旭町

西

田町

市立女子商業学校

前畑

東田国民学校

西前山

東田坂

役所前

西新町

前畑

旭橋

前畑

本門寺

老松町

呉服町

曲尺手町

龍拈寺

吉屋町

鍛台町

世古町

談合町

豊橋国民学校

舟原町

東新田

豊城神社

北蓮田

南蓮田

陸軍墓地

前田町

吉田町

新川国民学校

小暇町

向山町

南下畑中畑

向山西町

南通

向山台町

庚申下

三ツ塚

独立工兵第百五天隊等（元工兵第三聯隊）

向山公園

向山大池町

前田南町

一本松

中畑

大池

西猿

南通

豊橋市立高等女学校

塚南

南中畑

動物園

0km       1km

3

## 豊橋空襲写真のカラー化

AI技術を使って白黒写真をカラー化し、表示された色情報をもとに
手作業で着色して再現した、空襲後の札木町の写真です。

## 土蔵と建物群

左端に大きな土蔵があり、2階部分には採光窓がみえます。土蔵の右側、燃えた木々の背後には複数の建物が残っているようですが、重なっていてよくわかりません。萱町か指笠町あたりと思われます。背後には大きな煙突が認められます。

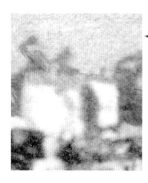

## 白壁の建物

白壁の建物が、1棟または2棟あります。建物は窓がみえないので蔵の可能性があります。建物の背後には大きな木々が残っています。

## タイルの壁

タイルが貼り付けられた壁が焼け残っています。おそらくこのあたりが民家の台所であったものと思われます。

## 中央に立つ女性

女性の服は右袖が上腕までまくりあげられています。よく見ると右手は肘から先がなく、肘あたりが包帯などでとめられています。左手は手首から手の甲にかけて包帯が巻かれています。おそらく空襲被害者と思われます。

### 額ビル

　空襲でも焼失しなかった額ビル。戦後復興のシンボルでしたが、よく見ると窓ガラスがないようで、空が見通せます。外壁も建物上部が黒ずんでいるのがわかります。建物内部は焼けて外側だけ残ったものと考えられます。

### 来本紙店倉庫

　萱町にあった紙店の倉庫で、コンクリートの外壁であったことがわかります。空襲で内外とも傷んでいましたが、戦後に公園予定地となったため、南に80m移動しました。

### 焼け残った門柱

　札木通り沿いに建つ門柱。同じような門柱が写真中央にも1本のみ写っています。

### 整然と積まれたがれき

　道沿いに瓦、燃えた木材などがまとめられ、整然と積まれています。8月4日からの「臨時戦災地整備規程」によって、動員された学生や国民義勇隊によって清掃がなされたものと思われます。

### 炭に生えた雑草

　家の敷地内に焼けた家の部材が集められています。炭の上には雑草が生え、小さな花が咲いているのがわかります。

## いまも残る戦前の建物

豊橋空襲で焼失を免れ、
いまも残る市街地の建物をまとめました。

公会堂 〈八町通２丁目〉

名古屋銀行 （現中京銀行）〈札木町〉

田中屋土蔵 〈花園町〉

豊橋一心館 （一心館道場）〈前田町１丁目〉

ハリストス正教会 〈八町通３丁目〉

神明社 （現安久美神戸神明社）〈八町通３丁目〉

吉田神社 〈関屋町〉

湊神明社 〈湊町〉

龍拈寺山門 〈新吉町〉

　2019 年 5 月 1 日、新しい天皇が即位し、「平成」から「令和」へ、新しい時代が幕をあけました。令和という新元号のスタートで、普段元号に関心がない若い世代を含めて日本中が沸き上がったように思えました。

　平成を振り返ると、戦争がない平和な時代だったといえます。ただ自然災害は多く感じました。平成 23（2011）年にあった東日本大震災は、マグニチュード 9.0 の地震と巨大津波によって、死者・行方不明者合わせて 2 万 2,252 人、全半壊建物は 40 万 4,934 棟という大災害でした（消防庁：平成 31 年 3 月 1 日現在）。テレビから流れたリアルタイムの津波被害映像は、視聴者に災害の疑似体験をさせ、その恐ろしさを感じさせました。

　筆者が住む豊橋市の場合、有史以来の最大の災害は、地震や津波などの自然災害ではありません。太平洋戦争中の昭和 20（1945）年 6 月 19 日深夜から 20 日未明にかけてあった人為災害・豊橋空襲です。米軍の空襲によって、死者は 624 人、全焼全壊の建物は 1 万 5,886 棟、市街地の約 70% が焼失したといわれています。

　筆者が小学校 3 年生、ちょうど昭和 40 年代後半のころ、下校途中で広小路 2 丁目にさしかかったとき、友だちが突然、「日本とアメリカは戦争をしただよ」と、戦争があったことを教えてくれました。当時はベトナム戦争の真っ最中であり、戦争は遠い国のできごとだと思っていたので、強い衝撃を受けたことを覚えています。帰宅して祖父に聞くと、「戦争でこのあたりは全部焼けた」と教えてくれました。その時は大昔のできごとだと思って実感はありませんでしたが、いま思えば、高度経済成長でビルが林立する自分の街が、わずか二十数年前には焦土化していたという事実を子どもの頭では理解できなかったのだと思います。

　豊橋空襲とは何だったのか。実際には火災以外にどのような災難が豊橋を襲ったのか。そのような疑問が生じたことで、筆者は豊橋空襲に興味を持つようになりました。

　戦後 75 年が過ぎた現在では、空襲体験者も少なくなり、人々の記憶のなかから豊橋空襲は忘れ去られようとしています。時代が令和になっても、昭和に起きた豊橋空襲の事実を後の世代へ継承できるよう、本書を活用していただけたら幸いに思います。

著　者

## 令和に語り継ぐ 豊橋空襲 ●目次

# 例

# 言

1. 本書は、昭和20（1945）年6月19日(火)深夜～20日(水)未明にかけておこった豊橋空襲について、空襲がどのように計画・実行され、どのような被害があったのかを紹介することを目的として制作したものである。

2. 本書は、原則的には『豊橋市戦災復興誌』（1958・豊橋市戦災復興誌編纂委員会／編纂）に記された歴史事実を基にし、この資料から引用、または参考にして制作している。また、空襲に関しては、米軍の戦術作戦任務報告第210号（Tactical Mission REPORT Mission No. 210）を引用している。なお、引用を多用する資料については、文中において以下のように表記する。
   ・『豊橋市戦災復興誌』→『戦災復興誌』
   ・「Tactical Mission REPORT」→「戦術作戦任務報告」
   ・『豊橋市史』→『市史』
   ・『豊橋地方空襲日誌』→『空襲日誌』

3. 掲載写真については、豊橋市図書館「とよはしアーカイブ」および各公共機関や個人等から提供を受けたものを使用した。その他、パブリックドメインの画像データを使用している。

4. 本書4～5ページの写真は、人工知能（AI）を使って白黒写真の色情報を表示し、それをもとに手作業で着色したものである。

5. 資料からの引用に際しては、原則として新漢字、現代仮名遣いに直して掲載したが、一部名称等で旧字を使用している。

6. 本書の執筆・編集は岩瀬彰利がおこなった。

7. 本書制作にあたっては、伊藤厚史氏、岡田直美氏、古関正裕氏、鈴木芳子氏、野沢弘氏、伏見喜代子氏、藤原喜郎氏、また豊橋市シティープロモーション課、豊橋空襲を語り継ぐ会、豊橋市図書館、福島市古関裕而記念館からご教示、ご協力をいただいた。記して深謝申し上げる次第である。

# 第1章 ── 空襲前の豊橋

## 軍の創設

　明治維新によって武士の世の中であった江戸時代が終わると、明治政府はさまざまな改革をおこないました。そのなかのひとつに兵制の改革があります。各地の藩が武士以外の人による藩兵を再編成し、ヨーロッパを手本とした近代的な陸・海軍をつくりました。豊かで強い国をつくるという「富国強兵」が唱えられていたなかで、明治6（1873）年には、満20歳になった男子に兵役を義務づけた徴兵令が施行され、これにより近代的な常備軍がつくられました。陸軍は、各地に6個の鎮台を置きました。鎮台とは地方守備にあたる大きな軍隊のことです。この地方では、名古屋に鎮台が置かれました。

　やがて明治17（1984）年になると、名古屋鎮台では歩兵第六聯隊にくわえ、新しく歩兵第十八聯隊が編成されました。この新設された聯隊が翌年、豊橋へ移駐することになったのです。

## 歩兵第十八聯隊の衛戍

　江戸時代に三河国吉田（いまの豊橋）をおさめていたのは吉田藩で、代々徳川家と関係の深い譜代大名が吉田城を居城としていました。明治2（1869）年には、全国の藩主がその土地（版）と人民（籍）とを朝廷に返した版籍奉還があり、吉田藩は改名させられ豊橋藩となりました。明治4（1871）年の廃藩置県で豊橋藩は

歩兵第十八聯隊営門

空からみた歩兵第十八聯隊全景

　廃藩となり、豊橋県となりましたが、すぐに額田県に吸収されました。かつて藩主が居住していた吉田城址は国のものになり、明治5（1872）年には兵部省の管轄となったのでした。兵部省は、明治7（1874）年には兵舎等を設置する計画をもっていましが、西南の役のために計画は延びていました。

　しかし、歩兵第十八聯隊が名古屋から移ることが決まると、造成によって二之丸の土塁と空堀がならされて、旧城内の三之丸に司令部や兵舎が建てられました。また、三之丸東側の武家屋敷や神社を取り払って、兵隊が練習するための広場（練兵場）もつくられました。こうして、明治18（1885）年に豊橋初の軍隊は吉田城址に常駐することになったのです。

## 第十五師団の誘致

　明治37（1904）年にはじまって翌年までつづいたロシアとの戦争、つまり日露戦争では、日本は、中国大陸での旅順攻撃など苦戦しながらも勝利しました。しかし、想像以上の損害と兵力不足をきたしたため、陸軍は軍備増強の必要性を感じて師団（鎮台を改組したもの）を4つ増設しました。師団とは、戦闘・補給・管理・衛生などあらゆる機能をもった部隊をひとまとめにした陸軍の基本作戦部隊のことです。ふつうは1個の師団に1～2万人の兵隊がいました。陸軍は4つのうちひとつの師団を東海道沿いに増設しようと考えたのです。そのことを知った当時の豊橋では、街の発展のため、大口喜六市長をはじめとして全市をあげて熱心に誘致活動をおこないました。そして、誘致は浜松・岐阜・沼津の3市との争いになりました。

　市は、誘致のために、①道路の整備（歩兵第十八聯隊と師団を結ぶ道路と駅へ向かう新停車場通の新設）②遊郭の移転・整備（札木・上伝馬の遊郭を東田町の遊郭街へ新設・移転）③駅・駅前広場の整備（兵の乗降等のため駅および駅前広場を拡張）という、インフラの整備を陸軍に約束しました。

　熱心な誘致活動の影響もあり、また高師原・天伯原という広大な台地が演習地として使えることから、明治40（1907）年の3月に設置場所が豊橋に決まりました。これにより当時の渥美郡高師村、いまの愛知大学や高師緑地公園を中心とするあたりに司令部、部隊、兵舎、病院など多

第十五師団司令部（渥美郡高師村）

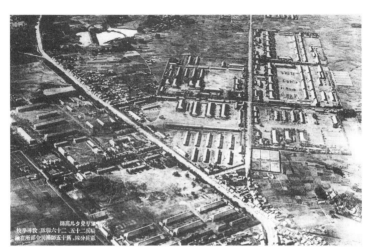

空からみた第十五師団全景 （師団廃止後の撮影）

第十五師団所属部隊等 （設置時）

| | 名　称 | 所在地 | | | 名　称 | 所在地 |
|---|---|---|---|---|---|---|
| 1 | 第十五師団司令部 | 渥美郡高師村 | | 8 | 騎兵第十九聯隊 | 渥美郡高師村 |
| 2 | 歩兵第十七旅団司令部 | 豊橋市 | | 9 | 野砲兵第二十一聯隊 | 渥美郡高師村 |
| 3 | 歩兵第十八聯隊 | 豊橋市 | | 10 | 工兵第十五大隊 | 豊橋市 |
| 4 | 歩兵第六十聯隊 | 渥美郡高師村 | | 11 | 輜重兵第十五大隊 | 渥美郡高師村 |
| 5 | 歩兵第二十九旅団司令部 | 静岡市 | | 12 | 第十五憲兵隊 | 渥美郡高師村 |
| 6 | 歩兵第三十四聯隊 | 静岡市 | | 13 | 豊橋陸軍兵器支廠 | 渥美郡高師村 |
| 7 | 歩兵第六十七聯隊 | 浜松市 | | 14 | 豊橋衛戍病院 | 渥美郡磯辺村 |

　くの施設がつくられたのです。これらの施設に、日露戦争中に大陸で編成されて千葉県習志野に移っていた第十五師団が衛戍地として移ってきたのでした。

　所属した部隊等は歩兵第十七旅団司令部、歩兵第六十聯隊など、この頁の表のとおり、多くの聯隊がありましたが、すべて高師村や豊橋市にあったわけではなく、歩兵第三十四聯隊は静岡県静岡市に、歩兵

第六十七聯隊は同県浜松市にありました。これらをまとめていたのが第十五師団司令部だったのです。

福元旅館（小池町）

　師団が置かれたことによって、豊橋には多くの軍人が移住することになりました。師団付近には軍に物資や食料をおさめる商店や旅館ができ、軍関係の施設や企業が進出して、街には軍人が多くみかけられるようになったのです。事実、市の人口をみると、明治39（1906）年は3万7,635人でしたが、明治41（1908）年には5万227人と、1万人以上も増えています。豊橋の経済は、第十五師団のおかげで活性化し、軍への依存度が高くなっていったのでした。こうして、豊橋は「軍都」と呼ばれるようになりましたが、そのシンボルが「第十五師団」だったのです。

　さらに明治42（1909）年には騎兵第四旅団が創設され、配下の騎兵第二十五・第二十六聯隊が高師村に設置されました。

　軍都となった豊橋は、道路・駅などの社会インフラが整備され、人口が増えて消費力が向上しました。豊橋駅の乗降人数（1日平均）をみると、師団ができる前、市制施行時の明治39（1906）年は1,509人、師団設置後の明治41（1908）年は2,054人と、約1.4倍に増えています。このように豊橋は、経済面で活気が出てきたのでした。

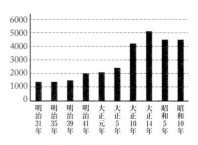
豊橋駅の乗降人数（1日平均）

# ドラマヒロインのモデルになった
# 内山金子さん

第十五師団の設置によって、軍と仕事をするために、多くの人びとが師団周辺に住みはじめました。のちに作曲家・古関裕而さんの妻となった内山金子さんの実家も、軍との仕事で生計をたてていました。金子さんについては、いままで、地元の豊橋ではほとんど知られていませんでした。ここでは、その生涯を紹介します。

## ドラマの誘致活動

平成31（2019）年2月28日、NHKは2020年度前期の連続テレビ小説（通称朝ドラ）「エール」の制作発表をおこないました。古関祐而さん（福島市出身）と、妻の金子さん（豊橋市出身）をモデルにした、「音楽とともに生きた夫婦の物語」だそうです。主人公の古山裕一役には窪田正孝さん、ヒロインの関内音役を二階堂ふみさんが務め、令和2（2020）年3月末から放送が始まりました。

豊橋市は、平成28（2016）年から福島市と連携し、2人の人生を描く物語を、東京オリンピック・パラ

ドラマ誘致の署名募集ポスター

リンピック開催の年である令和2（2020）年の朝ドラで実現させるべく、誘致活動を進めていました。

豊橋市では「古関裕而さん金子さんをテーマにしたNHK朝ドラ実現を願う会」が設立され、官民あげて署名活動がおこなわれました。集めた署名は7万5,067筆にものぼり、平成29（2017）年10月18日には、豊橋・福島両市長らが、福島市の8万3,403筆とあわせた15万

8,470筆分の署名簿、提案書、要望書をNHKへ提出しています。

平成31（2019）年3月29日付の東日新聞の記事によると、NHKのプロデューサーは「一連の誘致活動がドラマ化決定の要因ではないと認識」しているそうですが、いくぶんかの影響があったものと思われます。

### 豊橋生まれの内山金子さん

内山金子さんは、父内山安蔵さんと母のみつさんの三女として明治45（1912）年3月6日に生まれました。当時住んでいた家は、豊橋市に合併する前の渥美郡高師村小池にありました。小池は、田原街道沿いの集落でしたが、明治41（1908）年に陸軍第十五師団が置かれた影響で、街道沿いに旅館や商店が約1kmも建ちならぶ「軍隊の街」として栄えた場所でした。金子さんの家は、この街道筋から300mほど東へ行った柳生川の支流沿いにありました。

父の安蔵さんは、かつて陸軍の獣医部に勤め、満州（現中国東北部）にも勤務していたそうです。獣医部は、おもに軍馬や軍用犬の医療を担当する部署です。安蔵さんは定年により軍隊を除隊後、高師村に住居を構え、馬の蹄鉄をつくる工場を始めます。その後、馬糧（馬のえさ）などを手広くあつかう御用商人となり、第十五師団の騎兵聯隊などへ納入していました。従業員も多く雇い、商売は繁盛していたそうです。

内山家のきょうだいは、金子さんのほか、長男・長女・次女・四女・五女・六女。長男と6人姉妹という構成でした。

次女の清子さんによると、金子さんは、小さなときから音楽と文学が好きで、活発でおてんばであった反面、いつも空想の世界に浸っているような少女だったそうです。

大正頃の小池

金子さんの生家があったといわれる場所

## 小学校入学と「かぐや姫」

　大正7（1918）年4月、6歳になった金子さんは、高師村橋良字東郷にあった同村立福岡尋常高等小学校（現豊橋市立福岡小学校）に入学しました。5年生のときに、学芸会でかぐや姫役を務めて以降、みんなに「かぐや姫」と呼ばれるようになり、いつしか「かぐや姫」に親近感を持つようになったそうです。尋常高等小学校に6年通い、大正13（1924）年に卒業しました。その後、豊橋市旭町（現旭小学校の場所）にあった名門校・豊橋市立高等女学校に進学します。

　ちょうどこのころ、父の安蔵さんが脳出血で突然亡くなります。母のみつさんは、家業を縮小して馬糧商のみを引き継ぎました。父が亡くなった後も、声が良く、読書と音楽が大好きだった金子さんを中心に、琴やオルガンを伴奏にして一家で合唱をするなどし、努めて明るく過ごしたそうです。

## 「高女」で夢をはぐくむ

　金子さんが進学した豊橋市立高等女学校は通称「高女」と呼ばれ、当時としては、芸術や文芸教育に熱心な学校として知られていました。昭和2（1927）年からは、プロの音楽家を招いた名士音楽会が年に1～2回開催されており、金子さんの在籍中には声楽家やヴァイオリニストが出演しています。また、成城学園を創立した澤柳政太郎博士の講演を聞いて感銘を受けたそうです。こうした先進教育の影響を受け、もともと芸術家タイプだった金子さんはオペラ歌手になるという夢をもち、宝塚音楽学校や日本女子大学校（現日本女子大学）国文科への進学を考えていました。

　昭和3（1928）年3月に高等女学校を卒業した金子さ

卒業アルバム写真

騎兵第二十五聯隊

金子さんが通った豊橋市立高等女学校

んは、家計を助けるために、知人の紹介で、名古屋の雑誌発行人のもとで、住み込みで編集の手伝いを始めました。また、雑誌『女人芸術』に参加、中部地方委員になり、同時に声楽の先生について、歌の勉強にもとりかかりました。

このころ、満州に渡り事業をおこなっていた兄の勝英さんを訪ねましたが、その帰りに、乗っていた客船が座礁・沈没するという体験もしています。

### 裕而さんとの出会い、結婚

昭和5（1930）年1月23日の新聞に、古関裕而さんが作曲した舞踊組曲「竹取物語」が、ロンドンのチェスター楽譜出版社の作曲コンクールで2等入選との記事が載りました。この曲は、かぐや姫の誕生から昇天までの物語を、5つの楽器を使ってオーケストラに作曲したものでした。

名古屋から実家に帰っていた金子さんはその新聞を読み、かぐや姫の曲と知って感激し、持ち前の行動力から、裕而さんに「楽譜を送ってほしい」と手紙を出します。これがきっかけで約3カ月にわたり文通での交際を続け、やがて恋愛に発展しました。その間、金子さんがつくった「君はるか」という詩に曲もつけてもらいました。

同年、裕而さんが20歳、金子さんが18歳のとき、裕而さんは金子さんに会いにはるばる豊橋までやって来ました。5月26日に初めて対面した2人は、互いに愛を確かめ、29日には犬山の日本ラインへ婚前旅行に出かけました。その後、金子さんは裕而さんについて福島へ行き、2人は6月に結婚したのでした。

新婚時代の古関夫妻（福島市古関裕而記念館提供）

### 上京、声楽家へ

福島市で新婚生活を送っていた2人は、9月に日本コロムビアの専属契約を受けて上京し、まず阿佐ヶ谷の金子さんの義兄宅に間借りしました。その後世田谷に転居すると、金子さんは、近くにあった帝国音楽学校声楽部本科に編入して声楽を本格的に学びます。しかし、昭和7（1932）年に長女の雅子さんが生まれ、翌8（1933）年に次女の紀子さんを身ごもると、出産のた

め中退しました。

それでも、才能と声質を高く評価されていた金子さんは、昭和12 (1937) 年にベルトラメリ能子の一番弟子となり、「アイーダ」「トスカ」など、いくつかのオペラに出演しました。昭和15 (1940) 年には声楽家のノタルジャコモに師事し、オペラやオペレッタの放送に出演しましたが、プロのオペラ歌手にはなりませんでした。

やがて太平洋戦争が始まり、激化してくると音楽どころではなくなりました。昭和20 (1945) 年6月、福島市に疎開させていた子どもたちを飯坂町（現福島市）へ移そうと福島を訪れた金子さんは、腸チフスにかかり重体になってしまいました。奇跡的な回復で8月には退院することができましたが、終戦の玉音放送は病床で聞くことになりました。

### 戦後の金子さん

昭和21 (1946) 年、長男の正裕さんが生まれると、子育てに専念するために声楽から距離をおきました。昭和24～25 (1949～50) 年ごろには、裕而さんが作曲したオペラやオペレッタなどの歌手としてNHKの放送に出演し、その才能を発揮していますが、金子さんにとって、これらのオペラが声楽

家としての最後の活動になってしまいました。

音楽の表舞台から去った金子さんは、文芸活動に力を入れるようになりました。昭和33 (1958) 年、2年前に創刊された『婦人文芸』に参加、のちに委員となり、詩や随筆などを寄稿しました。詩をつくる際には、西条八十や井上靖からの助言も受けたようです。昭和40 (1965) 年には詩誌『あいなめ』の同人となり、また、昭和44 (1969) 年にはそれまでの作品をまとめた詩集『極光』を刊行しました。

長年、夫の作曲活動を支えてきた金子さんでしたが、昭和55 (1980) 年、68歳で亡くなりました。

古関家と金子さんの姉妹（豊橋市提供）

【参考文献・資料】
『鐘よ鳴り響け 古関裕而自伝』古関裕而著（日本図書センター）
『古関裕而物語』齋藤秀隆著（歴史春秋社）
『詩集 極光』古関金子著（あいなめ会）
『古関裕而 1929/30』国分義司・ギボンズ京子著（日本図書刊行会）
『君はるか』古関正裕著（集英社インターナショナル）
ブログ「今日は古関金子の命日」喜多三（KITASAN）
www.usuyukisou.com
「コンサート講演会 古関裕而と内山金子」資料 齋藤秀隆著（豊橋市）

## 工業の発達と軍需産業への転用

　明治時代の豊橋の工業は、江戸時代からつづく伝統的なたばこ製造が代表的なものでした。しかし、明治10年代ごろから新しくはじまった製糸業は、明治37（1904）年には豊橋工業生産額の1位になるほど栄え、昭和になっても豊橋を代表する工業でした。

　しかし、昭和12（1937）年に日中戦争がおこると、日本の経済は平時体制から戦時体制へうつりはじめました。そして、昭和13（1938）年に「国家総動員法」が制定されると、国のすべての人的・物的資源を政府が統制できることになりました。つまり、人や物をすべて戦争に動員できるようにしたのです。このため、豊橋を代表する製糸工場は兵器をつくる軍需工場に変わったり、廃業をするところが出はじめました。国が方針をしめして、いろいろな企業が整理され、軍需工場への転業が進んだのでした。

　昭和14（1939）年になると、機関銃製造の大日本兵器が花田町で、帝国鑿岩機が新栄町で創業しました。翌15（1940）年になると、地元資本による太陽航空工業が小浜町で創設され、戦闘機などの部品がつくられました。金属工業では地元企業が合併をくり返し、昭和16（1941）年には花田町に豊橋精機が誕生しました。

　戦争が激しくなると企業整備はさらにすすみ、太平洋戦争がはじまる前の昭和16（1941）年1月に145もあった製糸工場は、翌年12月には28と激減しました。

太陽航空工業（戦後撮影）

昭和19（1944）年をすぎると豊橋の工場はほとんど軍需工場となり、特に太陽航空工業をはじめ、旭航空兵器、東亜航空工業、帝国航空工業、豊橋航空工業などの航空機製造工場は16にも増えました。

## 豊川海軍工廠の誕生

　昭和11（1936）年、海軍は現在の山口県光市と豊川市にあたる地域に海軍の兵器工場である海軍工廠の建設を計画しました。昭和13（1938）年には建設地が現豊川市の本野ヶ原に決まり、昭和14（1939）年には、広さ150万㎢、「東洋一」といわれた巨大な豊川海軍工廠が完成しました。海軍工廠では、海軍の航空機や艦船などに付ける機銃や弾丸をおもに生産しており、多い時には約5万人も働いていました。豊橋からも、多くの工員や、学徒動員された豊橋第二中学校や豊橋市立高等女学校などの生徒が働いていました。

　海軍工廠は、最初は機銃部と火工部のふたつの部門のみでしたが、戦争激化にともなって昭和16（1941）年に光学部、同18（1943）年に指揮兵器部、同19（1944）年に器材部が新しく設けられて、規模が大きくなりました。

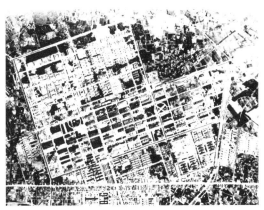

豊川海軍工廠の上空写真（米軍撮影）

## 労働力不足と学徒動員

　太平洋戦争がはじまると軍需工場の労働力不足が本格化しました。昭和17（1942）年の労務調整令は、工場労働者の自由な転職・退職を禁止しました。また、翌年には女子勤労挺身隊をつくって女学校卒業生を受け入れ、学校長の指揮のもとに軍需工場で兵器の生産をおこないました。さらに昭和19（1944）年には、労働力補充のため、市内の中等学校上級生が工場で兵器をつくる、いわゆる「学徒動員」が行われました。生徒たちは、市内の軍需工場や豊川海軍工廠だけではなく、名古屋や半田の工場にまで派遣されました。

■女学校卒業者勤労挺身隊結成状況（『戦災復興誌』より作成）

| 挺身隊名 | 結成日 | 隊員数 |
|---|---|---|
| 豊橋市立高等女学校卒業生勤労挺身隊 | 昭和19（1944）年3月15日 | 209人 |
| 豊橋市立女子商業学校挺身隊 | 昭和19（1944）年1月25日 | 99人 |
| 豊橋高等家政女学校卒業生勤労挺身隊 | 昭和19（1944）年3月26日 | 204人 |
| 豊橋松操高等女学校卒業者勤労挺身隊 | 昭和19（1944）年3月8日 | 151人 |
| 豊橋松操裁縫女学校挺身隊 | 昭和19（1944）年1月10日 | 87人 |
| 愛知高等実修女学校挺身隊 | 昭和19（1944）年3月16日 | 63人 |
| 桜ヶ丘高等女学校女子挺身隊 | 昭和19（1944）年1月10日 | 30人 |
| 豊橋高等実践女学校女子挺身隊 | 昭和19（1944）年1月10日 | 69人 |

■学徒動員（昭和19年4月）（『戦災復興誌』より作成）

| 学校名 | 学年 | 出動工場名 |
|---|---|---|
| 豊橋中学校 | 4年 | 太陽航空工業、住友金属小坂井工場 |
| | 5年 | 豊橋精機 |
| 豊橋第二中学校 | 4年 | 豊川海軍工廠、大日本兵器豊橋工場 |
| 豊橋市立商業学校 | 4年・5年 | 豊川海軍工廠 |
| 豊橋市立高等女学校 | 3年 | 中島飛行機瑞穂工場（後に半田工場） |
| | 4年 | 豊川海軍工廠 |
| 豊橋市立女子商業学校 | 3年 | 中島飛行機瑞穂工場（後に半田工場） |
| | 4年 | 大日本兵器豊橋工場 |
| 桜ヶ丘高等女学校 | 3年 | 中島飛行機瑞穂工場（後に半田工場） |
| | 4年 | 豊川海軍工廠 |
| 豊橋高等家政女学校 | 本科1年 | 中島飛行機瑞穂工場（後に半田工場） |
| | 本科2年 | 豊川海軍工廠 |
| 愛知実修高等女学校 | 3年 | 中島飛行機瑞穂工場（後に半田工場） |
| | 4年 | 豊川海軍工廠 |
| 松操高等女学校 | 3年 | 中島飛行機瑞穂工場（後に半田工場） |
| | | 太陽航空工業、東洋通信機 |

第2章

太平洋戦争の開戦

　昭和16（1941）年12月8日、海軍の連合艦隊はハワイの真珠湾にあっ
た米軍海軍基地に奇襲攻撃をかけ、米国・英国へ宣戦布告をおこなっ
て太平洋戦争（大東亜戦争）がはじまりました。日本軍は同時に香港、
マレーシアやフィリピンなどの東南アジア、グアム島、ウェーク島な
どの太平洋の島々へも侵攻し、翌年の2月にはシンガポールの英国基
地を占領しました。日本軍は緒戦に連勝し、東南アジアから西太平洋
の一帯の島々までという広大な範囲を占領しました。

　しかし、翌年6月のミッドウェー海戦で敗れると、その後はガダル
カナルの戦いなど、さまざまな戦いで負け続けました。さらに日本軍
は昭和19（1944）年6月にマリアナ諸島にあるサイパン島の戦いで敗
れました。米軍は日本を直接攻撃できるようにマリアナ諸島のサイパ
ン島、テニアン島、グアム島に飛行場をつくりました。

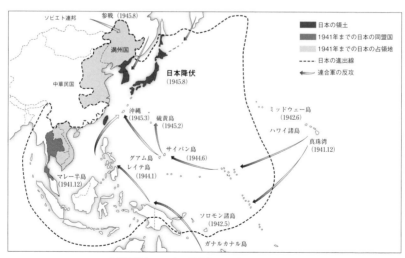

太平洋戦争の日本の勢力範囲と連合国の反攻

第20航空軍基地として、サイパン島にコブレー・イスリー両飛行場、テニアン島に北・西両飛行場、グアム島に北西・北およびハーマン飛行場という7カ所の飛行場がつくられましたが、これらをあわせてマリアナ基地とよびます。マリアナ基地には当時最新鋭で「超空の要塞」とよばれたB29爆撃機が配備され、5カ所が専用の飛行場となりました。B29爆撃機は航続距離が約6,000kmもありましたが、それまでの拠点だった中国の成都からだと九州北部までが攻撃の限界でした。しかし、東京から約2,400kmのマリアナ基地を拠点とすることで、日本のほぼ全域を攻撃することができるようになりました。

同年11月24日、マリアナ基地からB29爆撃機がはじめて飛びたち、東京の中島飛行機武蔵野工場が爆撃されました。米軍は、日本本土への空襲では、当初は軍需工場や港などの軍事拠

日本とマリアナ諸島の位置関係

サイパン島・イスリー飛行場

点をねらった「精密爆撃」をおこなっていました。このころの作戦では、昼間に高射砲をさけて1万mの高度から爆弾を落としていましたが、爆弾が風に流されることもあって目標を外れることが多く、あまり戦果があげられませんでした。

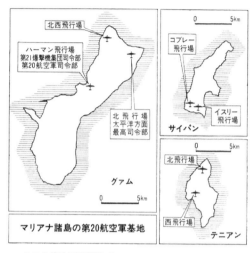

マリアナ基地の飛行場（『ドキュメント写真集 日本大空襲』より）

昭和20（1945）年1月、カーチス・ルメイ少将がマリアナ基地の第21爆撃機集団の司令官になると、空襲の方針は大きく変わりました。それまでの精密爆撃をやめて、日本人の戦意を喪失させるため、都市部の住宅を焼きつくす焼夷弾による都市爆撃を計画しました。

3月10日、マリアナ基地から325機のB29爆撃機が出撃し、東京を爆撃しました。この東京大空襲では死者約10万人を数えました。これ以後は、民間人を巻きこむ「無差別爆撃」がくり返されるようになり、東京大空襲の2日後には、288機のB29爆撃機による名古屋空襲がおこなわれ、焼夷弾攻撃によって市街地が焼かれました。こののちにも、東京、大阪、名古屋、神戸などの大都市をねらった空襲がつづきました。

## 防空拠点の構築

　日本の防空は、おもに陸軍が国土全般を受けもっていました。昭和10（1935年）年、本土を東部、中部、西部の3つに分け、それぞれに防衛司令部が新しくつくられました。のちに軍司令部と改められ、この地方は中部軍管区の管轄となりました。昭和16（1941）年には、軍管区の上に防空に対する指揮をとる防衛総司令部がおかれました。豊橋は中部軍管区の名古屋師管の管轄になりました。

　同じ年、名古屋師団防衛司令部に所属した防空監視隊本部が豊橋警察署内につくられて、市公会堂の屋上には、敵の飛行機をみはる監視哨がおかれました。ここから東三河の二川、高豊、伊良湖、田口、新城などの10を超える監視哨へと伝達されるようになりました。

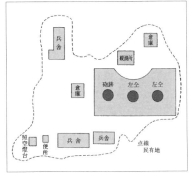

大恩寺山砲台配置図（『御津町史』より加筆引用）

大恩寺山砲台高角砲
（『御津町制五十周年写真集』より）

　また、昭和18（1943）年11月になると、海軍は豊川海軍工廠を守るために御津町（現豊川市）の大恩寺山、三上町（現豊川市）と石巻村（現豊橋市）の境にあった権現山に高角砲（高射砲の海軍での呼称）を置いて、敵機を迎え撃つ陣地を築きました。大恩寺山砲台は、山頂に3基の高角砲台や測距儀をそなえた指揮所、観測所、探照灯などをつくっ

た防空陣地で、横須賀海軍警備隊が任務にあたりました（『御津町史』）。一方、陸軍は豊川砲台という高射砲の陣地を築いて、海軍工廠への攻撃にそなえ、豊橋平野の防空体制を整えたのでした。

## 警防団の結成

　昭和6（1931）年に満州事変がおこって中国東北部への侵攻がすすみ、世の中が戦争へと向かっていくなかで、軍部の指導のもと、危険や災害などを防ぎ守るため、つまり防空のための民間組織として「防護団」が日本各地でつくられました。豊橋でも昭和11（1936）年に、各町総代・町役員・在郷軍人・消防組などを中心として防護団がつくられました。

　やがて戦争が長くつづくと、昭和14（1939）年1月に警防団令によって国内の各地に「警防団」が新しくつくられました。警防団とは、防護団と消防組を母体に、防空と、空襲による火災の消火、このふたつを任務とし、空襲にそなえてつくられた地域の団体のことです。豊橋でも、消防団員を主体として防護団員を選抜し、同年5月に3,432人で発足しました。

　豊橋の警防団は、市内23の小学校区に分団をおき、分団には消防、工作、衛生、防衛、警備の各班がおかれました。この組織は市の防衛の中心となり、防空演習など、さまざまな訓練や活動をおこないました。

　太平洋戦争がはじまった昭和16（1941）年12月8日には、政府からの命令で警防団の各

防空演習のようす

分団が防空演習をおこない、各町内は、「灯火管制」で外灯や家庭内の電気を消し、防火用水などを準備しました。昭和18（1943）年になると戦況は日ごとに悪化していき、4月になると市役所に防衛課がつくられ、警防団は警察の指揮下にうつりました。防衛課は、非常時には各校区にいる団員と連絡をとりました。警防団は、防空資材準備、貯水池や防空壕の点検指導、防空訓練を常におこなっていました。このように、警防団を中心に防空体制をととのえ、来るべき空襲にそなえたのでした。

### 建物疎開

昭和20（1945）年になると、本土への空襲が激しくなりました。愛知県は、軍の勧告により、空襲によって火災がおきたときに燃え広がらないように、家屋を壊して空き地をつくる「建物疎開」を考えました。5月になると、愛知県第6疎開事務所が公会堂につくら

建物疎開実施区域範囲図（『戦災復興誌』より）

れ、建物疎開の計画がたてられました。計画は、①駅前から船町線道路ぞいの守下まで②関屋から魚町まで③西八町から大手通りぞいに神明町まで空き地をつくり、南北に3列の防火帯を整備するものでし

た。計画地内にあった建物は、県が1坪（約3.3㎡）あたり100～200円で強制的に買い取りました。さらに移転希望者には1坪10～20円の移転料、商売をしている場合は営業補償として1戸1,000～5,000円、引っ越し料は1戸500円が支払われました。

　5月の下旬から取り壊し作業がはじまり、7つ

建物疎開によって壊された丸物百貨店

に分けられた警防団が建物の取り壊しに1週間ずつ出動しました。最終的に県が買い取ったのは760棟、宅地3万2,648坪（10万7,738㎡）、所有者は480世帯になりました。また、所有者が自ら移転したのは、建物40棟、宅地1,023坪（3,376㎡）で、30世帯でした。空襲にそなえるため、800棟の建物が自らの手で壊され、ナゴヤドーム2.3個分の宅地、3万3,671坪（11万1,114㎡）が更地にされ、510世帯の市民が引っ越しをさせられたのでした。そのなかには、街のシンボルでもあり、市民の憩いの場として親しまれていた丸物百貨店も含まれていました。

第3章

豊橋への小規模な空襲

　サイパン島などのマリアナ諸島が占領され、マリアナ基地から B29 爆撃機が本土に向けてはじめて出撃した前日の昭和 19（1944）年 11 月 23 日、豊橋にはじめて軍から空襲警報が発令されました。防空警報は、敵機を発見したときに出される「警戒警報」と、敵機が攻撃する危険性があるときに出される「空襲警報」の 2 段階でした。警戒警報が出されると、灯火管制で家のなかや街灯などの電気を消し、空襲警報に変わった場合は防空壕へ避難するようになっていました。

　12 月になると、名古屋は、三菱重工業名古屋発動機製作所や愛知航空機などの工場があったため連日の空襲を受け、警戒警報が 25 回、空襲警報は 12 回も出されました。豊橋市民も、空からの攻撃が迫っていることを強く感じるようになりました。

　日本本土をおそった空襲は大きく 3 種類に分けることができます。ひとつめはマリアナ基地から出撃した B29 爆撃機による攻撃で、ふたつめは空母から飛び立った艦載機による攻撃、3 つめは硫黄島からの戦闘機による攻撃です。

　豊橋では、昭和 20（1945）年になってから空襲がはじまります。6 月 19 ～ 20 日にあった豊橋空襲以外にも、多数の小規模な空襲がありました。ここでは豊橋空襲より前にあった空襲について述べます。

　なお、記述している日時はすべて日本時間に直しています。また、図版は、昭和 19 年の市街地図に『日本都市戦災地図』で示されている範囲を写したものです。

【1 月 9 日の空襲】

　はじめての空襲は、昭和 20（1945）年 1 月 9 日にありました。第 21 爆撃機集団作戦任務第 18 号にしたがって、マリアナ基地から飛びたっ

た第73航空団のB29爆撃機72機が、東京の中島飛行機武蔵製作所を14時ごろから攻撃しました。しかし、天気が悪かったので、34機のB29は、「臨機目標」という急きょ決めた場所、豊橋、浜松、静岡などの都市を爆撃しました。『戦災復興誌』では、空襲場所は東田町字西脇と牛川町字南台で、死者は出ませんでしたが、被災した世帯は33世帯とあります。

1月9日の空襲範囲図（1/20,000）

ところが、郷土史家・豊田珍比古（珍彦）の『空襲日誌』には、飽海町と磯辺町に爆弾が落ちたとあり、場所が異なっています。また、「豊橋市立図書館日誌」には、9機の編隊が沖野に数弾、大崎に二十数弾の爆弾を投下したとあります。飽海町あたりと大崎町あたりに爆弾が投下されたのだとすると、中部百部隊（元歩兵第十八聯隊）と豊橋海軍航空隊基地がねらわれて、爆弾がそれた可能性が考えられます。

## 【2月15日の空襲】

向山町字伝馬にあった空襲で、第21爆撃機集団作戦任務第34号としておこなわれました。第73・313航空団のB29爆撃機117機が出撃し、第1目標は名古屋の三菱重工業名古屋発動製作所で、14時2分から攻撃がはじまりました。また、最終順位目標としていくつかの工業都市が選ばれ、54機のB29が浜松や豊橋、

2月15日の空襲範囲図（1/20,000）

宇治山田（現伊勢市）、松阪などを攻撃しています。豊橋へは第73航空団が爆弾を投下したようです。死者は10人、被災世帯は115世帯にもなりました。「豊橋市立図書館日誌」には、「午後敵機来襲　大池付近被弾　被害あり」と書かれていました。現地を訪れた豊田珍比古によると、動物園の東側の人家がまばらなところに爆弾が落とされたようで、周りの民家は障子や壁が壊れたとのことでした。豊田は、近くにあった工兵隊をねらったものと推測しました（『空襲日誌』）。

【2月16日の空襲】

　艦載機による空襲です。艦載機戦闘報告書第4号によると、太平洋を進んでいた航空母艦「ホーネット」から7時58分に飛び立ったF6F戦闘機16機が豊橋海軍航空隊基地と豊橋陸軍飛行場（老津）などを攻撃しました。攻撃は日中におこなわれ、11時40分に

米海軍 F6F 戦闘機

空母に着艦しました。『市史』第四巻によると、攻撃されたのは豊橋海軍航空隊基地・豊橋陸軍飛行場、高豊村、前芝村、杉山村などで、高豊村で1世帯が被災したそうです。

【2月17日の空襲①】

　艦載機による空襲です。艦載機戦闘報告書第3号によると、前日につづき、太平洋にいた航空母艦「ホーネット」から、TBM雷撃機12機が6時50分に飛び立ち、豊橋海軍航空隊基地を攻撃しました。こ

の攻撃で、基地の建物、双発機
3機などを破壊し、11時13分に
帰艦しました。

米海軍 TBM 雷撃機

【2月17日の空襲②】
　17日2回目の艦載機による空
襲です。艦載機戦闘報告書第9号によると、6時52分にF6F戦闘機
12機が航空母艦「ホーネット」から飛び立ち、豊橋海軍航空隊基地を
攻撃しました。格納庫3棟と「大きな建物」を破壊し、11時10分に
帰艦しました。

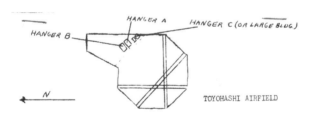

2月17日、2回目の空襲の攻撃場所（艦載機戦闘報告書第9号より）

【2月17日の空襲③】
　艦載機による同日3回目の空襲です。艦載機戦闘報告書第3号に
よると、「ホーネット」から7時
15分に飛び立ったSB2C-3爆撃
機12機が豊橋海軍航空隊基地を
攻撃しました。この攻撃で、基
地の格納庫、航空機などを破壊
し、11時30分に帰艦しました。

米海軍 SB2C-3 爆撃機

【3月4日の空襲】

　多米町にあった空襲で、死者、被災世帯ともありませんでした。第21爆撃機集団作戦任務第39号によって、マリアナ基地から出撃した第73・313航空団のB29爆撃機192機は、第1目標の東京中島飛行機武蔵製作所を8時40分から攻撃しました。飛行ルートはちょうど豊橋上空を通って東京に向かうというもので、最終順位目標としていくつかの工業都市が選ばれ、17機が浜松や豊橋、静岡、宇都宮などを攻撃しました。豊橋の空襲は8時29分〜59分の間にB29爆撃機1機によっておこなわれ、11発の焼夷弾が落とされました。多米町の山林が約60㎡の範囲で焼失したそうです。なお、『市史』によると、下条町も被災したことになっています。

【3月25日の空襲】

　向山町字池下・牛川町字野川にあった空襲で、死者はありませんでしたが、被災世帯は29世帯にもなりました。第21爆撃機集団作戦任務第45号によって名古屋の三菱重工業名古屋発動機製作所を目標としておこなわれた攻撃でした。第73・313・314航空団のB29爆撃機249機が出撃し、0時ちょうどから攻撃がはじまりました。豊橋・新宮へは第73航空団の3機が参加し、0時4分から攻撃をはじめました。爆弾が投下された向山町字池下には当時動物園があり、爆弾が噴水や獣舎に落ちたそうです。やはりこれも、近くにあった工兵隊をねらった爆弾がそれて動物園

向山にあった豊橋市立動物園

に落ちたものと思われます。もうひとつの被災地である牛川町字野川には陸軍の牛川射撃場があり、そこがねらわれた可能性があります。

## 【4月15日の空襲】

　小池町、柳生町への空襲で、死者は8人、被災世帯は45世帯にもなりました。この日の米軍の作戦はふたつあり、ひとつめの作戦任務第68号は第313・314航空団のB29爆撃機219機が出撃し、目標は川崎市街地でした。もうひとつは作戦任務第69号としておこなわれ、第73航空団のB29爆撃機118機が出撃し、

4月15日の空襲範囲図　(1/20,000)

目標は東京市街地でした。川崎市街地の攻撃は22時43分から、東京市街地の攻撃は22時25分からはじまりました。また、作戦任務第68号には、市街地攻撃以外の臨機目標があり、館山が攻撃されたとありますが、豊橋は記録になく、どちらの作戦による攻撃だったのかはわかっていません。

## 【4月30日の空襲】

　山田町、南栄町にあった空襲で、死者は8人、被災世帯は43世帯でした。この日の米軍は7つの作戦を同時におこなっていて、作戦任務第126号以外はすべて九州への攻撃でした。第21爆撃機集団の作戦任務第126号は、立川陸軍航

4月30日の空襲範囲図　(1/20,000)

空工廠と浜松市が目標で、第73・313航空団の106機が出撃しました。浜松へ向かったB29爆撃機のうち、第313航空団の5機が豊橋を攻撃しました。10時43分にはじまり47分に終了という、4分間の攻撃でした。近くには元第十五師団の陸軍予備士官学校や兵器廠があったので、そこをねらったものと思われます。

## 【5月17日の空襲】

江島町にあった空襲で、死者はなかったものの、被災世帯数はわかっていませんが多数の民家が焼失したようです。第21爆撃機集団の作戦任務第176号による攻撃で、名古屋市南部が目標でした。第58・73・313・314航空団のB29爆撃機516機が出撃し、このうち第314航空団の1機が豊橋を2時57分に攻撃しました。

## 【5月19日の空襲】

花田町字郷中・小池町にあった空襲で、死者は5人、被災世帯は108世帯でした。ただ、『市史』では被災地区は高師町・野依町・植田町・柳生川運河になっています。この日の米軍はふたつの作戦をおこなっていて、作戦任務第178号は4月30日と同じ立川陸軍航空工廠と浜松市が目標で、第58・73・313・314航空団の309機が出撃しました。浜松へ向かったB29爆撃機のうち、第73航空団の1機が11時18分から豊橋を攻撃しました。

5月19日の空襲範囲図

# 豊橋空襲後の小規模空襲

　6月19日から20日にかけて大規模な豊橋空襲があったのちにも、豊橋は米軍機の攻撃にさらされました。マリアナ基地から飛んでくるB29爆撃機による空襲はなくなり、太平洋上の空母から飛び立った艦載機や、硫黄島から出撃する戦闘機による空襲に変わりました。なかでも豊橋海軍航空隊基地は主要なターゲットとなり、数多くの攻撃がおこなわれました。

　最近では、大分県宇佐市の市民団体「豊の国宇佐市塾」が、米国立公文書館から入手した、戦闘機の機銃に取りつけられた「ガンカメラ」の映像を解析していますが、公開された映像によると、民家や列車、浜辺にいる人など、動くものを容赦なく撃っているのがわかります。豊橋でも、空襲で焼けずに残った松山国民学校などの建物が標的にされ、かつての校舎には、いつの攻撃のときかはわかりませんが、機銃掃射のあとが残されていました。また、終戦前日の8月14日には、田原駅を出発した名鉄渥美線（現豊橋鉄道渥美線）の列車が豊島あたりで銃撃され、乗客ら15人が亡くなりました。戦闘機の攻撃は小規模のため、すべてが把握されているわけではありませんし、記録もほとんど残っていないのが現状といえます。

　ここでは、豊橋空襲で壊滅的な被害があった後におこなわれた小規模空襲をまとめました。

## 【7月9日の空襲】

　豊橋市がまとめた「昭和二十年二十一年事務報告書」によると、7月9日に西小田原町で空襲があり、死者1人が出たとされていますが、詳しいことはわかっていません。ただ、「豊橋市立図書館日誌」には「敵小型機侵入市内各所機銃掃射」との記述があり、この空襲が戦闘機で

あったことがわかりました。米
軍側の記録、硫黄島にいた米陸
軍の陸上戦闘機の作戦記録「第7
戦闘機集団戦闘要約」をみると、
戦闘機掃討を目的に硫黄島基地
から122機のP-51戦闘機を中

米陸軍P-51戦闘機

心とした戦闘機が浜松や伊丹飛行場へ出撃していました。当時は「臨
機目標」としてパイロットの裁量で攻撃対象が決められたので、市内
の焼け残った建物が攻撃されたのでしょう。

【7月24日の空襲①】

　艦載機による空襲です。艦載
機戦闘報告書第24-45号による
と、太平洋上の航空母艦「ベニン
トン」から1時15分に飛び立っ
たF6F戦闘機12機が豊橋海軍
航空隊基地を攻撃し、さらに2次

豊橋陸軍飛行場の練習機

攻撃もおこないました。この攻撃で、双発機1機が破壊されました。
また、F6F戦闘機12機が豊橋陸軍飛行場も攻撃しましたが、被害は
わかっていません。攻撃後、5時50分に空母へ帰艦しました。

【7月24日の空襲②】

　艦載機による、7月24日2度目の空襲です。艦載機戦闘報告書第
ACA1#41号によると、太平洋上の航空母艦「サン・ジャシント」から
2時20分に飛び立ったF6F戦闘機12機が豊橋海軍航空隊基地周辺を

攻撃しました。航空基地から約3km東の「大きな建物」を攻撃したと報告されています。また、F6F戦闘機3機で市街地のふたつの鉄橋を攻撃し、6時58分に帰艦しました。

米海軍航空母艦サン・ジャシント

【7月25日の空襲】

艦載機による空襲です。艦載機戦闘報告書第22号によると、太平洋上の航空母艦「ホーネット」から1時5分にSB2C-3爆撃機12機が出撃し、4機の爆撃機が豊橋海軍航空隊基地を攻撃し、滑走路ひとつを破壊しています。5時25分に帰艦しました。

米海軍航空母艦ホーネット

【7月28日の空襲】

艦載機による空襲です。艦載機戦闘報告書第26号によると、太平洋上の航空母艦「ベニントン」から2時20分にFG-1D戦闘機9機が出撃して豊橋海軍航空隊基地を攻撃、航空機1機を破壊しています。5時20分に帰艦しました。

【7月29日の空襲①】

艦載機による空襲です。艦載機戦闘報告書第8号によると、太平

洋上の航空母艦「ボノム・リ
シャール」から16時20分に
TBM-3雷撃機2機が出撃し、
1機が豊橋海軍航空隊基地な
どを攻撃したようですが、被
害などはわかっていません。
雷撃機は21時50分に帰艦
しました。

米海軍航空母艦ボノム・リシャール

【7月29日の空襲②】

　艦載機による同日2回目の空襲です。艦載機戦闘報告書第9号によ
ると、太平洋上の航空母艦「ボノム・リシャール」から16時25分、
18時20分にTBM-3雷撃機4機が出撃し、1機が豊橋海軍航空隊基
地を攻撃したようですが、被害はわずかだったようです。それぞれ、
22時20分、22時30分に帰艦しました。

【7月30日の空襲①】

　艦載機による空襲です。艦
載機戦闘報告書第41-45号に
よると、太平洋上の航空母艦
「ベニントン」から3時00分
にF6F-5戦闘機6機が出撃
し、5機が豊橋市内の工場を
攻撃しました。工場はわかっ
ていませんが、中程度の被害

米海軍航空母艦ベニントン

があったと報告されています。戦闘機は8時45分に帰艦しました。

## 【7月30日の空襲②】

　同日2回目の艦載機による空襲です。艦載機戦闘報告書第33号によると、太平洋上の航空母艦「ベニントン」から6時30分にFG-1D戦闘機5機が出撃し、豊橋海軍航空隊基地を機銃掃射によって攻撃したようですが、被害などはわかっていません。13時30分に帰艦しました。

米海軍 FG-1D 戦闘機

　6月19〜20日の豊橋空襲後には、米軍は豊橋海軍航空隊基地や豊橋陸軍飛行場を何度も攻撃しました。このため海軍は、陸上攻撃機などを石川県にある小松海軍航空基地などへ避難させています。この豊橋海軍航空隊基地への攻撃は、7月30日で終わりました。おそらく、米軍は8月7日の豊川海軍工廠への爆撃を成功させるため、脅威となる航空機の基地をねらったものと思われます。

　8月になると、豊橋をねらった攻撃は終わったようで、記録にのこっていません。

B29 爆撃機・艦載機・戦闘機による空襲一覧表

| 番号 | 攻撃種類 | 日付 | 攻撃場所 | 戦災原因 | 罹災世帯 | 死者 | 被害 | 作戦番号または文献 |
|---|---|---|---|---|---|---|---|---|
| 1 | B29 爆撃機 | 1945/1/9 | 東田町字西脇、牛川町字南台（飽海町、大崎町） | 爆弾 | 33 | 0 | | 作戦任務第 18 号 |
| 2 | B29 爆撃機 | 1945/2/15 | 向山町字伝馬 | 爆弾 | 115 | 10 | | 作戦任務第 34 号 |
| 3 | 艦載機 | 1945/2/16 | 豊橋海軍航空隊基地、豊橋陸軍飛行場 | 不明 | 1 | | 不明 | 艦載機戦闘報告書 No. 4 |
| 4 | 艦載機 | 1945/2/17 | 豊橋海軍航空隊基地 | 爆弾、機銃 | | 8 | 格納庫、飛行機 | 艦載機戦闘報告書 No. 3 |
| 5 | 艦載機 | 1945/2/17 | 豊橋海軍航空隊基地 | 爆弾 | | | 格納庫、飛行機 | 艦載機戦闘報告書 No. 3 |
| 6 | 艦載機 | 1945/2/17 | 豊橋海軍航空隊基地 | 爆弾 | | | 格納庫、小建物 | 艦載機戦闘報告書 No. 9 |
| 7 | B29 爆撃機 | 1945/3/4 | 多米町、下条町 | 爆弾 | 0 | 0 | 山林 | 作戦任務第 39 号 |
| 8 | B29 爆撃機 | 1945/3/25 | 向山町字池下、牛川町字野川 | 爆弾 | 29 | 0 | 動物園 | 作戦任務第 45 号 |
| 9 | B29 爆撃機 | 1945/4/15 | 小池町（線路）、柳生町 | 爆弾 | 45 | 8 | | 作戦任務第 68 号 |
| 10 | B29 爆撃機 | 1945/4/30 | 山田町、南栄町（高師兵営） | 爆弾 | 43 | 8 | | 作戦任務第 126 号 |
| 11 | B29 爆撃機 | 1945/5/17 | 江島町 | 爆弾 | 不明 | 0 | 民家多数焼失 | 作戦任務第 176 号 |
| 12 | B29 爆撃機 | 1945/5/19 | 花田町字中郷（柳生川運河）、小池町、（高師町、野依町、植田町） | 爆弾 | 108 | 5 | | 作戦任務第 178 号 |
| 13 | B29 爆撃機 | 1945/6/19 | 豊橋市街地 | 爆弾 | 16,009 | 624 | 豊橋空襲 | 作戦任務第 210 号 |
| 14 | 陸軍戦闘機 | 1945/7/9 | 西小田原町 | 機銃 | | 1 | | 「昭和二十年二十一年事務報告書」 |
| 15 | 艦載機 | 1945/7/24 | 豊橋海軍航空隊基地、豊橋陸軍飛行場 | 爆弾、機銃 | | | 格納庫、飛行機 | 艦載機戦闘報告書 No. 24-45 |
| 16 | 艦載機 | 1945/7/24 | 豊橋海軍航空隊基地、市街地 | 爆弾 | | | 建物、鉄橋 | 艦載機戦闘報告書 No. ACA1#41 |
| 17 | 艦載機 | 1945/7/25 | 豊橋海軍航空隊基地 | 爆弾 | | | 滑走路 | 艦載機戦闘報告書 No. 22 |
| 18 | 艦載機 | 1945/7/28 | 豊橋海軍航空隊基地 | 爆弾 | | | 飛行機 | 艦載機戦闘報告書 No. 26 |
| 19 | 艦載機 | 1945/7/29 | 豊橋海軍航空隊基地 | 爆弾、機銃 | | | | 艦載機戦闘報告書 No. 8 |
| 20 | 艦載機 | 1945/7/29 | 豊橋海軍航空隊基地 | 爆弾 | | | | 艦載機戦闘報告書 No. 9 |
| 21 | 艦載機 | 1945/7/30 | 豊橋海軍航空隊基地 | 機銃 | | | | 艦載機戦闘報告書 No. 33 |
| 22 | 艦載機 | 1945/7/30 | 豊橋の工場 | 爆弾、機銃 | | | 工場中程度破壊 | 艦載機戦闘報告書 No. 41-45 |

# B29 爆撃機と焼夷弾

## B29 爆撃機

　日本本土を空襲した爆撃機として知られる B29 爆撃機(以下 B29 と略します)。戦争の話によく登場するので、多くの人が名前を知っています。しかし、どのような飛行機か、ほとんどの人は詳しく知らないと思います。

　B29 は、米国のボーイング社が開発した大型の爆撃機です。米軍は、飛行機に、任務を示す記号を、A(Attack:攻撃機)、B(Bomber:爆撃機)、C(Transport:輸送機)、F(Fighter:戦闘機)、というように付けました。ですから、B29 の B は爆撃機を表しています。愛称は「スーパーフォートレス」で、「超空の要塞」と訳され、1946 年までに 3,970 機が生産されました。

　B29 は、先端にコックピットがあり、主翼に 4 基のプロペラエンジン (2,200 馬力) を付け、ジュラルミン製の機体のため、色は銀色でした。乗員は 11 人、全長 30m、幅 43m、総重量 64t、最大速度は時速 576km でした。航続距離は爆弾 7t を搭載して 6,100km で、12.7mm 機関銃 12 挺で武装していました。

B29 爆撃機

最大爆弾搭載量約 9t で、爆弾倉に爆弾を入れ、機体の中央付近にある投下口が左右に開いて爆弾を落としました。

　B29 は、高性能のエンジンにより、高度 1 万 2,500m の成層圏を飛行することが可能でした。当時の日本軍には、この高度まで上昇できる航空機はなかったので、迎撃することが非常に難しい機体でした。

　米国戦略爆撃調査団 (USSBS) の記録によると、B29 が日本本土へ出撃したのは延べ 3 万 3,041 機で、投下した爆弾は 14 万 7,576t、作戦中の損失率は 1.4% だったそうです (『日本大空襲』)。

### 焼夷弾
（しょういだん）

　焼夷弾は、ドイツと日本の家屋を効率的に焼失させることを目的として米軍が開発した爆弾です。昭和18（1943）年に、米国ユタ州の実験場で、実際に日本とドイツの住宅を建て、燃焼実験をおこないながら完成させました。

　焼夷弾は金属製の筒に可燃性の高い焼夷剤と少量の爆薬を入れたものです。筒には、焼夷剤として、油性、金属性および両者の混合物の3種が入れられ、油脂焼夷弾、黄燐焼夷弾、エレクトロン焼夷弾（おうりん）に分けられます。

　焼夷弾の構造を、米軍が開発したM69焼夷弾でみてみましょう。M69は、断面が六角形の金属製の筒形で、直径は7.6cm、長さは51cm、重さは2.7kgです。筒のなかには、ナパーム剤などの油脂が詰まっています。

　筒の尾部には、長さ約1mのリボンが折りたたまれて収納されており、落下するときに引き出されました。筒の頭部には信管と爆薬があり、着地後、信管が燃焼して爆薬に着火し、油脂が飛び散って炎上する仕組みでした。

　米軍は、この焼夷弾をひとつずつ落とすのではなく、たばねて、焼夷集束弾として投下しました。たとえばE46集束焼夷弾（500ポン

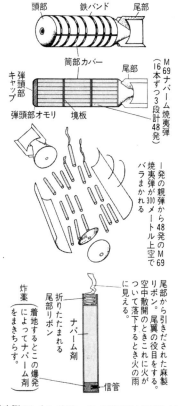

頭部　　鉄バンド　　尾部

筒部カバー　　尾部

弾頭部キャップ

弾頭部オモリ　境板

M69ナパーム焼夷弾（16本ずつ3段計48発）

一発の親弾から48発のM69焼夷弾が300メートル上空でバラまかれる

尾部から引きだされた麻製リボン。尾翼の役目をする。空中散開のときこれに火がついて落下するとき火の雨に見える。

炸薬　着地するとこの爆発によってナパーム剤をまきちらす。

折りたたまれる尾部リボン

ナパーム剤

信管

焼夷弾のしくみ（『ドキュメント写真集 日本大空襲』より）

ド）は、M69 焼夷弾を前後に 19
本ずつたばね、計 38 本を筒状に
し、頭部におもり、尾部にフィン
をつけ、1 個にした親子爆弾です。
B29 から投下されると、上空約
700m で分解して M69 焼夷弾をば
らまくという仕掛けになっていま
した。戦時中、米陸軍はプロパガ
ンダとして、「M-69 INCENDIARY
BOMB」という焼夷弾の映像を制
作していました（次頁参照）。
　集束焼夷弾には、E46 のほかに
も E28・E36・E48 などさまざまな
種類がありました。B29 は、これ
らの焼夷弾を 1 機あたり平均 1 万
4,846 ポンド（約 6.85t）積んで出撃
したのでした。

爆弾を投下している B29

B29 に積み込まれる爆弾
（ドキュメント写真集『日本大空襲』より）

攻撃中の B29 （ドキュメント写真集『日本大空襲』より）

米陸軍が制作した映像「M-69 INCENDIARY BOMB」

①映画タイトル「M-69 焼夷弾」

⑥工場で E46 集束焼夷弾の組み立て

⑪尾部フィンの取り付け

②M69 焼夷弾の分解リボンの取り出し

⑦M-69 焼夷弾の詰め込み

⑫E46 集束焼夷弾の完成

③油脂の取り出し

⑧M-69 焼夷弾の詰め込み終了

⑬爆撃機へ焼夷弾を運ぶ

④油脂の燃焼実験

⑨胴部カバーの取り付け

⑭焼夷弾を積んで飛び立つ爆撃機

⑤建物の燃焼実験

⑩尾部フィンと胴部の接続

⑮焼夷弾投下実験

第4章 —— 豊橋空襲

　ここでは、豊橋空襲について『戦災復興誌』などに書かれた記録から概要を記述していきます。空襲の記録は、攻撃を受けた日本側のものと、攻撃をおこなった米国側のものがあります。以下では、それぞれ残された記録について、その特性を述べます。

## 日本側の記録

　日本側の記録は、防衛を担っていた軍のものは見つかっていません。防空作戦は軍事機密であり、終戦時に大部分が破棄されたためと思われます。豊橋空襲に関する記録は、当時のものでは、①市役所などの公文書、②新聞記事、③民間人の日記があります。また、戦後になってまとめられた④市史などの歴史書、⑤空襲の体験記などもあります。

①の公文書には、豊橋市役所に残された「昭和二十年二十一年事務報告書」と、空襲被害者をまとめた「殉難者合同慰霊祭受付簿」がありますが、全体像がわかる資料はありません。

②新聞記事は、昭和20（1945）年6月20日の記事に少し書かれています。昭和13（1938）年、「新朝報」や「参陽新報」などの豊橋独自の新聞が統制されて「豊橋同盟」にまとめられましたが、戦時統制によって昭和17（1982）年に廃刊になりました。戦争末期にはすべての大手新聞が統合されて、合同の記事が書かれました。

③民間人による日記の代表的なものとしては、郷土史家・豊田珍比古（珍彦）の『豊橋地方空襲日誌』があります。

④戦後に書かれた歴史書には、通史として『戦災復興誌』『市史』『豊橋百年史』などがあります。

⑤空襲の体験記には、『豊橋空襲体験記』『続豊橋空襲体験記』『戦争の記憶』『戦前戦中豊橋思ひ出画帖』などがあります。また、『湊町

町史』や『花園わが町』などの地区史にも空襲体験談があります。

## 米国側の記録

　豊橋空襲の米国側記録には、爆撃をおこなった米軍の詳細な報告がふたつ残されています。ひとつは「戦術作戦任務報告」№ 210 であり、もうひとつは「空襲損害評価報告書（Damage Assessment Report）126」です。

「戦術作戦任務報告」
No.210
（米国国立公文書館蔵）

　日本本土を空襲していたのは、第 20 航空軍のうち、中国（成都）を前進基地としていた第 20 爆撃集団と、マリアナ諸島を基地とした第 21 爆撃集団でした。その任務の報告書が「戦術作戦任務報告」です。

　この報告書のおもな内容は、作戦任務番号順に並べられ、それぞれの任務遂行状況、遭遇した敵機、天候、損害状況が報告されています。また、爆撃の概略、爆撃への参加機数、死傷者数、敵機からの攻撃数、爆撃数、地図、航空写真なども載っています。

　一方の「空襲損害評価報告書」には、米軍による空襲によって損害を受けた攻撃目標に関する文書類の資料がまとめられています。その内容は、直接被害・損害評価が中心で、概況、攻撃目標図、地図、航空写真（図）などの、作戦に使用した資料が載っています。

　余談ですが、国立国会図書館では、昭和 54（1979）年に米国国立公文書館から米国戦略爆撃調査団報告書のマイクロフィルムを購入し、デジタル化して、平成 25（2013）年に日本占領関係資料を「国立国会図書館デジタル化資料」として公開しています。日本占領関係資料は、

米国戦略爆撃調査団（USSBS）文書約 1 万 7,000 点と、極東軍文書約 700 点で構成されており、「戦術作戦任務報告」と「空襲損害評価報告書」は国会図書館の「デジタルコレクション」でみることができます。

## 日本・米国記録の特性

　日本と米国の記録には、それぞれ特性があります。例えば、空襲、特に攻撃についてみるのには米軍記録が役にたちます。米軍の「戦術作戦任務報告」には、攻撃対象箇所、参加機数、出発時間、攻撃開始時間、投下爆弾の種類と数などが詳しく書かれています。ただ、誤認や誤記などもあったようで、すべてが正しいわけではないようです。

　逆に日本の記録では、攻撃に参加したB29爆撃機の数を正しく数えることはむずかしく、投下された爆弾の正しい数もわかりません。

　空襲の被害については、米軍の記録では、与えた損害を調べるために偵察機から撮った写真から損害率を出した「空襲損害評価報告書」があります。この報告では、家屋が焼失した地帯はわかりますが、人的被害や細かな家屋等の被害状況はわかりません。この点、日本側の記録は、死者数や重軽傷者数、建物の焼失などが記されており、人的被害を中心とした被害状況を調べるのに役だちます。ただし、戦時中、空襲被害などは機密であったため、軍の記録はわかっていません。

　この理由として、①軍にとって不利な情報を流さない②被害状況を把握している余裕がない、というふたつのことが考えられます。行政や民間がつくった空襲の記録は、戦後何年もたってから作成されたものが多く、詳細が調べられなかったものも多くあります。

　ここからは、攻撃は米軍記録の「戦術作戦任務報告」、被害は日本側の記録を中心に、豊橋空襲について述べていきます。

## B29 爆撃機による大都市空襲

　B29 爆撃機による日本本土の空襲は、昭和 19（1944）年 6 月 16 日に中国の内陸部にある成都から 47 機が出撃し、北九州の八幡、小倉、門司などを爆撃したのがはじめてでした。このときは中国から飛び立ったため、飛行できる距離は九州あたりまででした。

　第 2 章でも述べたように、米軍はサイパンなどのマリアナ諸島を占領後、飛行場をもつマリアナ基地を完成させ、昭和 19 年 11 月 24 日から東京・大阪・名古屋・神戸などの大都市にあった工場などを目標とした精密爆撃をはじめました。まず、東京都武蔵野町（現武蔵野市）にあり、戦闘機をつくっていた中島飛行機武蔵野製作所が攻撃を受けました。米軍は、はじめのうちは基地や工場などの軍事目標を爆撃していましたが、思ったほど成果があがりませんでした。そこで方針を変え、ゼリー状の油がつまった焼夷弾を多量に投下し、木造家屋が多い日本の都市を無差別爆撃することにしたのです。

　昭和 20（1945）年 3 月 10 日、サイパン島から 325 機の B29 爆撃機が出撃し、はじめての無差別焼夷弾爆撃である東京大空襲がおこなわれました。夜間の空襲で約 10 万人以上の人が亡くなったといわれています。その 2 日後には、288 機の B29 爆撃機が名古屋を焼夷弾で爆撃し、翌 13 日深夜には 274 機の B29 爆撃機が大阪を空襲しました。

## ターゲットとなった豊橋

　東京・大阪・名古屋という大都市の空襲にくわえて、昭和 20 年 6 月 18 日からは浜松・鹿児島・大牟田・四日市の中小都市へ空襲がはじまりました。豊橋は 2 回目となる翌 19 日に静岡・福岡と一緒に爆撃されたのです。中小都市のなかでは早い時期に空襲されたため、よ

く「豊橋が軍都だったから早くねらわれた」といわれてきました。

　米軍は、豊橋を爆撃するために作戦を立てていました。その概要は「戦術作戦任務報告」にくわしく書かれています。作戦番号はNo. 210

爆撃中心点がつけられた空襲前の市街地写真

で、報告のなかの「目標の重要性」には、「名古屋南東の位置30マイルにある豊橋は、近年軍事的重要性が大きくなった。1939年にこの街は大きな海軍工廠をつくり、そこでは航空機の機銃やマシンガンをつくっていることが報告されている。また、豊橋は軍の武器庫やその他の産業を持っており、東海道線沿線の主要に位置している。以前はシルクの街、陸軍学校の街であった」ということが書かれていました。

　ここからわかるように、米軍にとって豊橋は、海軍工廠があり、これがたいへん脅威だったということです。この海軍工廠とは、豊川海軍工廠のことであり、米軍は、豊川と豊橋を同じ街とみていたといえます。豊橋の評価はというと「シルクの街、陸軍学校の街」といっているように、陸軍基地（予備士官学校）も目標にされましたが、戦略的に重要視されてはいませんでした。このように「軍都」だから空襲を受けたというのは間違いといえます。

　この「戦術作戦任務報告」には、「Target（目標）」は「Toyohashi Urban Area（豊橋市街地）」と書かれています。そして、爆撃目標の中心として、当時の広小路5丁目にあった丸物百貨店付近に印（爆撃中心点）がつけられた写真が載っています。このあたりが、戦前の豊橋市でもっともにぎわっていた場所でした。街を効果的に焼きつくすために、当時の繁華街が目標として選ばれたのでした。くり返しますが、豊橋空襲は軍施設をねらって計画されたものではなかったのです。

## 豊橋爆撃への準備

　米軍は、豊橋への爆撃が決まったのち、爆撃日を決めました。報告書では、「梅雨時に、焼夷弾による精密爆撃操作任務の第二シリーズを予定していた。選んだターゲットは比較的防御がうすい都市で、計

画はレーダー爆撃法の最大の利点をいかすためにつくられたもので
あった。6月19日は爆撃にむいた気象予測であったため、爆撃が決
定された」ということが書かれていました。

　戦時中、日本は軍事機密として天気予報を公開していませんでした。
米軍は独自に気象観測をおこなっており、次頁上の図の左は19日の
予想された天気図、右の図は19日の実際の天気図です。梅雨前線が
予想より若干南下していて、雨は降っていないようです。

　また、次頁下の図のうち、上は19〜20日の天候予想の高層断面図、
下は19〜20日の実際の天候の高層断面図です。左端にマリアナ基地、
中間に硫黄島、右側にターゲット（豊橋）が描かれています。予想で
は、北緯30度あたりに梅雨前線があり、雨が降ることになっていま
した。このような天気予想によって、梅雨の時期でありながら、焼夷
弾によって火が燃え広がりやすい、雨が降らない日を探した結果、19
日の火曜日が選ばれました。

　ところが、実際の梅雨前線は北緯25度より北側と、予想より南に
あり、そこに雨が降っていました。また、豊橋上空は、低層の積雲の
雲量が10分の9と雲におおわれた状態で、雲頂は5,000〜7,000フィー
ト（約1,500〜2,100m）、中層の雲量は10分の3で、雲底は1万5,000
フィート（約4,500m）でした。当日の豊橋の天気は曇りで、雨は降
りませんでした。米軍の天気予想は当たっていたといえます。

　爆撃日と場所が決まれば、次は部隊です。作戦をおこなう部隊とし
て、マリアナ基地に展開する米国陸軍第21爆撃集団のなかの第58航
空団が担当することになりました。

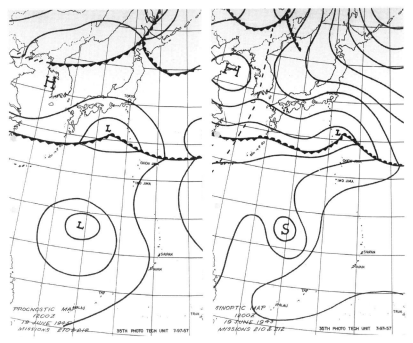

6 月 19 日の天気図　左：予想された天気図　右：実際の天気図

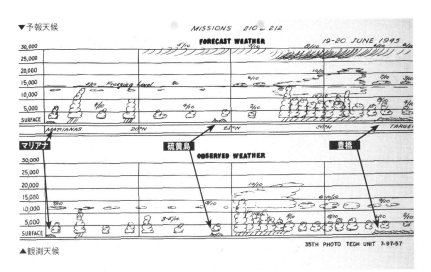

予報天候（上）と観測天候（下）

## 豊橋へ向けて出撃

　19日当日、第58航空団のB29爆撃機は、先導機として12機、本隊が129機、さらに救難機として3機の合計144機で、マリアナ基地のなかのテニアン島西飛行場から出撃しました。離陸時間は、1番機が日本時間の19

出撃するB29爆撃機（テニアン島）

日18時13分、最後の機は19時43分でした。マリアナ諸島と日本の時差は1時間で、日本の方が1時間遅くなります。ですから1番機が離陸したのが現地時間で17時13分、すべての機の離陸に90分かかっています。豊橋を夜間に爆撃するため、日没ごろが選ばれたのでした。

　ちなみに、テニアン島の基地からは、約1カ月半後の8月6日に、広島へ原子爆弾を投下したB29爆撃機「エノラ・ゲイ」が、9日には長崎へ向けて「ボックスカー」が飛び立っています。

　B29爆撃機に積まれた爆弾の型式は、E46（500ポンド焼夷集束弾）、AN-M17A2（500ポンド焼夷集束弾）、E28（500ポンド焼夷集束弾）とAN-M47A2（100ポンド焼夷弾）です。焼夷弾の基本はM69と呼ばれるもので、断面は六角形で、直径は7.6cm、長さは51cm、重さは2.7kgです。集束弾とは焼夷弾をたばねたもので、E46はM69焼夷弾36本がたばねられた爆弾、AN-M17A2は直径5cm、長さ35cm、

重量 2kg の焼夷弾 110 本がたばねられた爆弾、E28 は、M69 焼夷弾 38 本をひとつにたばねられたものです。目標の 2,500 フィート（約 760m）上空でバラバラになり、地上に降りそそぐようセットされました。

　また、AN-M47A2 は、直径 20cm、長さ 1.2m、重量 45kg の爆発力の強い焼夷弾で、地面に落ちると同時に爆発する「瞬発弾頭」とよばれるタイプでした。これらの焼夷弾を、1 機あたり平均 1 万 4,846 ポンド（約 6.85t)積んで出撃したのです。

　これらの B29 は、テニアン島から北北西に約 1,000km 離れた硫黄島に向かって一直線に飛び、硫黄島の通過は 1 番機が日本時間 19 日 21 時 21 分、最後の機は 23 時 2 分でした。7,000 〜 7,800 フィート（約 2,100 〜 2,300m）の高さを維持しながら、そこから約 1,150km 先の志摩半島をめざして飛びつづけました。志摩半島を通ったあとに松阪上空あたりで進路を東に変え、伊勢湾を横断し、三河湾口を通って豊橋上空に着きました。夜間飛行であることと、雲の多さから、肉眼では目標となるものが確認できませんでした。このためレーダーによる飛行をおこないました。

レーダー画像（白線は飛行ルート）

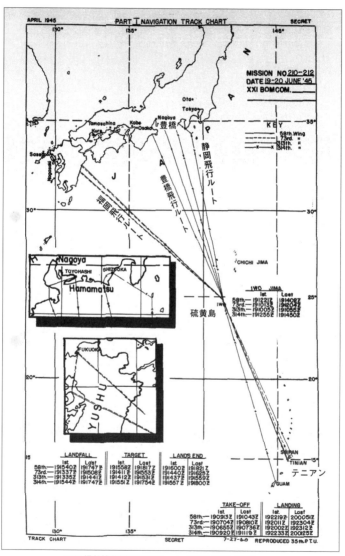

B29 爆撃機編隊の飛行ルート (豊橋・福岡・静岡)

## 最初の爆撃

　いままで、豊橋空襲で最初に爆撃された場所はよくわかっていませんでした。『戦災復興誌』には、23時43分ごろに柳生川運河北方面が燃えはじめたと書かれていますが、具体的な場所はわかっていません。豊橋へやってきたB29爆撃機の編隊のなかには先導隊12機があり、本隊とは異なった先行作戦任務がありました。

　B29爆撃機の編隊が豊橋に入る飛行ルート上には、昭和18（1943）年、三河湾の大津島などを埋め立ててつくられた豊橋海軍航空隊基地があったのです。先導隊は、本隊への脅威を取りのぞくために、航空基地を無力化する必要がありました。また、陸軍基地（元第十五師団）とそこにあった兵器廠も、戦争を続けるうえで脅威になるため、番号1224の目標となりました。「戦術作戦任務報告」には、先行する先導隊の作戦任務として豊橋海軍航空隊基地と陸軍基地があげられたようで、航空隊基地ではふたつの格納庫を破壊、陸軍基地と兵器廠では15の建物を壊したとあります。豊橋海軍航空隊基地の空襲は、当時は機密

B29爆撃機編隊の飛行ルート

豊橋海軍航空隊基地（米軍撮影）

により知られていません。しかし、戦後に書かれた『大崎島』（近藤正典 1977）には、「焼夷弾が 100 発投下されたが被害はなかった」旨の記述があります。100 発もの焼夷弾を落とされても被害がなかったというところは旧日本軍らしいですが、ともあれ、実際に爆撃があったということが裏付けられます。

　また、空襲時に航空隊基地にいた初年兵・清原典雄さんの証言が毎日新聞（昭和 47 年 7 月 7 日朝刊）に載っています。清原さんは、『十九日午後十一時四十五分ごろ、耳をつんざく爆音でたたき起こされた。松林のかげのざんごうへ走った。基地空襲と思ったが、B29 は頭をかすめるように通りすぎた。三機、また三機——豊橋を目ざして一直線に下降していく。ざんごうから首だけ出して見ていた。間もなく町並みの南端から火の手が上がった。駅の方も空が赤い。際限なく B29 は豊橋へ飛んでいく。「豊橋は今夜全滅する」』と述べています。

　この証言は重要です。清原氏が「たたき起こされた」爆音とは格納庫の爆発音で、塹壕へ逃げた時点で、先導隊の航空隊基地への攻撃はすでに終わっていたものと思われます。その後、基地上空を B29 がつぎつぎと飛んでいき、まもなく町の南端から火の手が上がったという事実は、航空隊基地への攻撃が市街地空襲より早かったことを示しています。つまり、飛行ルート上ではじめに通過する航空隊基地への爆撃がもっとも早く、「豊橋空襲は豊橋海軍航空隊基地からはじまった」ということができます。

**市街地への焼夷弾爆撃**

　計画された市街地への爆撃は、米軍が焼夷弾投下目標を記したリト・モザイク（石版集成図）から読みとることができます。5 月に建

物疎開でこわされた丸物百貨店付近を中心として、そこから半径 4,000
フィート（約 1,200m）の円（確率誤差円）を設定し、その円内に焼夷
弾を集中して投下するというものでした。

　豊橋上空へ着いた B29 爆撃機は、救援機 3 機をのぞくと全部で 141
機。先導隊 12 機と、投下装置が故障した 5 機以外の 136 機が爆撃を

リト・モザイクによる市街地爆撃目標（確率誤差円と陸軍基地）
（※確率誤差円は見やすくするため白抜き加工を施した）

おこないました。「戦術作戦任務報告」では、先導隊12機は日本時間の20日0時58分から、本隊は1時6分から爆撃をはじめたことになっています（コラムで述べたように、日本側の記録、19日23時43分ごろと異なっています）。焼夷弾を投下した高度は6,900～8,800フィート（約2,100～2,600m）と低く、はじめに照明弾を落として市街地を明るくし、設定した半径4,000フィート（約1,200m）の円内に焼夷弾をむらなく落としました。123機はレーダーをつかった照準操作をおこなって焼夷弾を投下、13機は目視による投下をおこないました。ただし、いまの精密誘導爆弾とは異なり爆撃の精度は低く、焼夷弾は決められた秒ごとに自動的に連続して落とされたため、投下場所は飛行ルートに左右されました。

　また、投下範囲円内で発生した火災によってできた乱気流や、目標上空を70～100%の割合で占めていた雲により、レーダーをつかって正確に焼夷弾を投下するのはむずかしかったようです。この爆撃で落とした爆弾数は、E46収束焼夷弾が2,226発、AN-M17A2収束焼夷弾が30発、AN-M47A2焼夷弾が1万2,193発、E28収束焼夷弾が440発で、合計1万4,889発、重量は946.4tにもなりました。また、このほかに12発の照明弾もつかわれました。

　豊橋市街地の爆撃は、先導隊は20日1時22分に、本隊は同日3時17分に終わりました（日本側では20日3時15分となっています）。米軍記録では2時間19分の爆撃でした。「戦術作戦任務報告」では、爆撃中に迎撃にきた日本軍の戦闘機を13機確認し、13回攻撃してきて1機を不確実ながら撃ち落としたそうです。また地上からは重砲、中口径砲による対空砲火があったそうですが、性能はおおむね貧弱で不正確とのことでした。日本軍の反撃によるB29爆撃機の被害は、日

本軍機によるものが1機、対空砲火によるものが2機と、合計3機の機体が損傷したくらいでした。また、テニアン島のマリアナ基地に帰る途中で4機が硫黄島へ不時着したそうです。

爆撃が終わって、B29爆撃機の編隊は基地へ帰っていきました。最初の1機が基地にもどったのは20日の9時9分、最後の機が着いたのは11時51分でした。各機の平均燃料残量は916ガロン（約3,400ℓ）だったそうです。

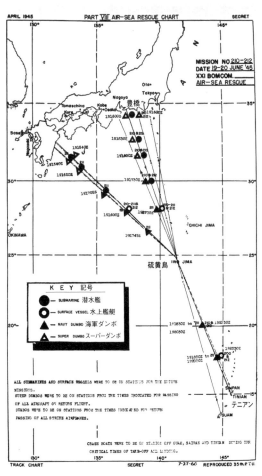

空海救助図

# 空襲の開始時間

拙著『戦前の豊橋』の「豊橋空襲の開始時間」にも書きましたが、豊橋空襲がはじまった時間は、これまで諸説ありました。大きく分けると、『戦災復興誌』など市刊行物の「6月19日午後11時43分ごろ」説、米軍の記録「戦術作戦任務報告 No. 210」の「6月20日午前0時58分」説、以上のふたつです。

平成30（2018）年、豊橋市中央図書館で開催された第1回「平和を求めてとよはし」展で、図書館の藤原喜郎さんが、空襲当時国鉄に勤めていた川端新二さんに対しておこなった取材のなかで、川端さんが豊橋空襲直前に乗務していた列車の特定ができ、豊橋空襲開始時刻に関する重要な証言を得ることができました。以下、証言によってわかったことを記します。

### 乗務列車の特定及び駅到着時刻

川端さんが乗務していたのは東海道線の大阪発東京行きの列車でした。ダイヤは昭和20（1945）年6月10日に改正されており、調べたところ、大阪発東京行き上り141号であることがわかりました。豊橋到着時刻は0時2分、発車時刻は0時5分で、3分の停車時間がありました。証言では列車はダイヤ通りに運行されていたとのことでした。

### 証言からわかる豊橋空襲の時刻

列車が豊橋駅に停車したとき、駅の助役が走ってきて「発車時間まであと2分あるが、間もなく空襲がはじまる。いますぐ発車してくれ！」と大声で叫びました。発車しておよそ2分後、名鉄渥美線（現豊橋鉄道渥美線）のガード下まで来たときに振り返ると、豊橋駅方面は火の海だったそうです。

ここから、列車は0時3分に発車し、0時5分ごろには駅周辺で空襲が行われていたという事実が浮かび上がります。実際に『豊橋駅勢要覧』は、「午前0時5分、空襲警報いまだ出てないのに西南方に投弾」とあり、川端さんの証言と内容が一致しています。

### 列車発車を急がせた背景

さて、問題となるのは、駅の助役が走ってきて、すぐに列車を発

車させたことです。規定では、旅客列車は公表している時間より早く発車しないことになっており、規則を破ってまで発車させたのは重大な事態があったからと考えられます。豊橋空襲のときの警報は、20日0時20分ごろに警戒警報、0時40分ごろに空襲警報が出たといわれています（『空襲日誌』）。列車が駅に到着した時点では、警報は出ていないので、無理に発車することはできないのです。

米軍資料（戦術作戦任務報告）では、豊橋空襲では、先導隊の16機が0時58分から飛行場、兵器工廠などの攻撃をはじめ、本体の136機が1時6分から焼夷弾の投下をはじめたとあります。先導隊は先行作戦任務として豊橋海軍航空隊基地の格納庫を破壊しました。また、陸軍基地および造兵廠も攻撃対象として目標とされていました。『戦災復興史』によると、柳生川運河周辺（豊橋精機：花田町久保田付近か）を中心に市街地の爆撃がはじまったとされています。その後に前田南町から西新町と、周辺部から爆撃を加え、その後中心部に集中したとあります。

このような状況から、先導隊が飛行場などに爆撃をはじめたころには、まだ市街地は爆撃がおこなわれていなかったものの、攻撃の情報が駅に伝わったため、慌てて列車を発車させたと推測されます。

**空襲開始時間について**

豊橋空襲がはじまった時間については、先述したように、大きくふたつの説がありました。川端さんの証言で、駅周辺は『豊橋駅勢要覧』に記載されている午前0時5分ごろという時刻に空襲がおこなわれていたことが裏付けられました。この事実は米軍記録の作戦開始時間が誤りであることを示しており、「20日午前0時58分」説は消えることになります。さらに66頁の「清原証言」を考えると、もう一方の「19日午後11時43分ごろ」が正しいものと判断できます。

**空襲による被害**

　約2時間半におよぶ空襲により、B29爆撃機から1万4,889発、946.4tの焼夷弾が落とされた豊橋市街地は、一面焼け野原になりました。いったい、どのような被害があったのでしょうか。

　米軍の「空襲損害評価報告書」には、爆撃による戦果を知るためにつくった「航空写真損害評価」と「損害評価図」があります。「航空写真損害評価」は、「市街地爆撃目標写真」に、空襲による損害が上から書きくわえられたものです。中央は照準となった円であり、描かれた実線の範囲は建物が密集したところ、斜線は焼失した範囲、囲み内に点の列があるところは空き地などを示しています。この図をもとにした損害報告によると、空襲によって焼けた範囲は、市街地3.3平方マイル（約8.5k㎡）のうち1.7平方マイル（4.4k㎡）と、全体の52%にもおよんだものと計算されています。市街地以外は0.24平方マイル（0.6k㎡）の焼失で、合計1.94平方マイル（5.0k㎡）が焼けてなくなりました。また、照準となった円内では、88%を焼きつくしたと報告されていました。

　「損害評価報告書」には、空襲後すぐの7月5日に撮影された豊橋市街地上空写真が載っています。この写真を読み解くと、空襲で家屋が焼けてなくなったところは、周りより少し白っぽく写っています。これを手がかりに焼夷弾投下による焼失範囲をさがすと、大きくは豊川と柳生川の間の市街地で、西は花田町から東は東田町まで、北は北島町から南は前田南町までのあたりで、豊川対岸の下地町と柳生川左岸の鍵田町・小池町付近も焼失していることがわかります。また、米軍記録に、元第十五師団の陸軍兵器廠も爆撃を受けたとありましたが、元第十五師団があった陸軍予備士官学校あたりでは、陸軍兵器廠のと

航空写真損害評価　豊橋市街地

損害評価図　豊橋市街地

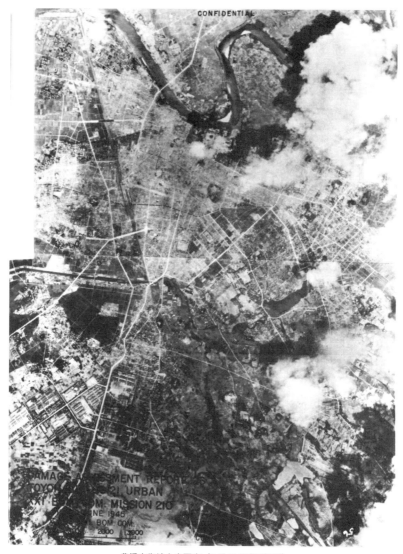

豊橋市街地上空写真（7月5日米軍撮影）

ころだけ、特に被害が確認できました。市街地南部、富本町付近は被害が少なくみえました。

　市街地に比べ、中部百部隊（元歩兵第十八聯隊）などの軍施設は、焼けた痕跡が写真からはわからず、被害が少なかったことが裏付けられます。

　実際に爆撃を受けた側である豊橋市の記録では、建物の被害は全焼全壊が1万5,886棟、半焼半壊が109棟を数え、市街地の約70%が焼失したと伝えられています。

　さて、住んでいた人々の被害はどれぐらいだったのでしょうか。市の記録では、死者624人、重傷者229人、軽傷者117人でした。また、家が焼けるなどの被害を受けた人は6万8,502人で、1万6,009世帯を数えました。

第21爆撃機集団　戦闘の集約統計　作戦任務210　1945.6.19

▼攻撃参加機

| 部隊 | 手持機数 | 出撃予定機数 | 離陸に失敗した機数 | 出撃機数 | 離陸時間 | | | 帰還時間 | | | 投弾第1目標機数 | 投弾第2目標機数 | 終目標臨機投弾機数あるいは最 | 観測機数 | 有効機数 | 無効機数 |
|---|---|---|---|---|---|---|---|---|---|---|---|---|---|---|---|---|
| | | | | | 日付 | 1番機 | 最後 | 日付 | 1番機 | 最後 | | | | | | |
| 58航空団 | 165 | 130<br>12 b<br><br>3 c | 3<br>—<br> | 129 a<br>12<br>3 | 6月19日 | 18:13 | 19:43 | 6月19日<br>〜<br>20日 | 7:19 | 9:51 | 124<br>12<br>— | —<br>—<br>— | —<br>—<br>3 | — | 124<br>12<br>3 | 5<br>—<br>— |

a　2機のスパロ航空機含む　　b　先導機　　c　観測機

▼第1目標の爆撃に失敗した機の内訳

| 部隊 | 機械的故障による | | | 要員の過失による | | | 飛行条件による | | | 敵の行動による | | | その他 | | |
|---|---|---|---|---|---|---|---|---|---|---|---|---|---|---|---|
| | 無効機 | 第2目標投弾機 | その他へ投弾 | 無効機 | 第2目標投弾機 | その他へ投弾 | 無効機 | 第2目標投弾機 | その他へ投弾 | 無効機 | 第2目標投弾機 | その他へ投弾 | 無効機 | 第2目標投弾機 | その他へ投弾 |
| 58航空団 | 4 | — | — | 2 a | — | — | — | — | — | — | — | — | — | — | — |

a　1機は搭乗員の人為的ミス。1機はメンテナンスミス。

▼爆撃航程

| 部隊 | 爆撃目標 | | 爆弾を投下した機数 | 投下時間 | | 投下高度 | | 目視爆撃 | | | | レーダー爆撃 | | 操作別機数 | |
|---|---|---|---|---|---|---|---|---|---|---|---|---|---|---|---|
| | 目標名 | 目標の種別 | | 初弾 | 最終弾 | 最低 | 最高 | 照準法別機数 | | | 先導機に従って投下した機数 | レーダー爆撃した機数 | 先導機に従って投下した機数 | C-1 | 手動 |
| | | | | | | | | レーダー及び推測航法 | レンジアイランド航法 | | | | | | |
| 58航空団 | 豊橋市街地 | P | 124 | 1:06 | 3:17 | 6900 | 8800 | 11 | — | — | 2 | 111 | — | — | |
| | 豊橋市街地 | P | 12 a | 0:58 | 1:22 | 7100 | 7500 | 2 | — | — | — | 10 | — | — | |

a　先導機

▼爆弾数の処理

| 部隊 | 爆弾の型と重量 | 信管調整 | | 出撃機搭載弾薬 | | 目標上に投下 | | | | 投棄 | | 持ち帰り | | 不明 | |
|---|---|---|---|---|---|---|---|---|---|---|---|---|---|---|---|
| | | 弾頭 | 弾尾 | 個数 | トン | 第1目標 | | 臨時目標 | | 個数 | トン | 個数 | トン | 個数 | トン |
| | | | | | | 個数 | トン | 個数 | トン | | | | | | |
| 58航空団 | E-46 | 500#Iclu. | — | 2432 | 486.4 | 2226 | 445.2 | — | — | 206 | 41.2 | — | — | — | — |
| | AN-M17A1 | 500#Iclu. | — | 30 | 7.5 | 30 | 7.5 | — | — | — | — | — | — | — | — |
| | AN-M47A2 | 100#I.B. | 瞬発 | なし | 12401 | 427.6 | 12193 a | 420.4 | — | — | 208 | 7.2 | — | — | — |
| | E-28 | 500#Iclu. | — | 440 | 73.3 | 440 | 73.3 | — | — | — | — | — | — | — | — |
| | M-46 | 照明弾 | 多様 | なし | 13 | — | 12 | — | — | — | 1 | — | — | — | — |

a　破損した発射用ワイヤで安全に投下された12個の爆弾を含む

▼損失・損傷機数と負傷者

| 部隊 | 損失機 | | | 損傷機 | | | | | | | 死傷者数 | | | | | |
|---|---|---|---|---|---|---|---|---|---|---|---|---|---|---|---|---|
| | 敵機による等 | 計 | 敵機による | 敵対空砲火による | 敵機及び対空砲火による | 事故及び機械故障 | 自機の銃砲による | その他 | 不明の原因 | 計 | | 参加総員 | 死亡 | 行方不明 | 負傷 | 死傷・不明合計 |
| | | | | | | | | | | 重度 | 軽度 | | | | | |
| 58航空団 | なし | 1 | | 2 | — | — | — | — | 3 | — | — | 1604 | — | — | 2 | 2 |

▼損失・損傷機数と負傷者

| 部隊 | 遭遇した敵機数 | 敵機による攻撃 | 敵機の破壊と損傷 | | | | 50口径弾薬消費 | | | | |
|---|---|---|---|---|---|---|---|---|---|---|---|
| | | | 型式またはモデル | 破壊機数 | 破壊したと思われる機数 | 損傷機数 | 戦闘発砲 | 試射 | 放棄 | 損失機搭載 | 計 |
| 58航空団 | 13 | 13 | 未確認 | — | — | 1 | 310 | — | — | — | 310 |

※戦闘の集約統計表は作戦任務210（豊橋）部分のみ抜き出し、翻訳して記載。日時は日本時間。

## コラム

# ある家族の空襲体験

豊橋空襲では、6万8,502人、1万6,009世帯もの市民が罹災しました。多くの空襲体験談がいまに残されていますが、一家全員がそのときにどう対処したのかが記されたものは多くありません。ここでは、筆者の父の家族が昭和20年6月19日の深夜、空襲をどのように過ごしたのか、それぞれの記憶をもとに「ある家族の空襲体験」として紹介します。

## 家族構成

岩瀬家の当時の家族構成は、筆者の父・弘次からみて、祖父作次郎、祖母すみ、祖父母の長男である父の延雄、母ふじゑおよび弘次を含む4人の子どもたち、計8人でした。

当時、祖父母の作次郎夫婦は清水町（現広小路3丁目）に住み、㋚という屋号で古道具屋を営んでいました。両親の延雄夫婦は新銭町（現花園町）で車屋（屋号「棒屋」）を家業とし、店舗兼自宅で子どもたちと暮らしていました。

## 空襲時の行動

空襲時、彼らはどのような行動をとったのか、みていきましょう。

### 【作次郎・すみ】

清水町と新銭町の家は100mほど離れていました。清水町に住んでいた作次郎とすみ夫妻は、2人で防空壕に逃げ込んで、空襲を過ごしたそうです。ただ、どこの防空壕に逃げ込んだのかなど、具体的な行動まではわかっていません。

### 【延雄】

延雄は警防団員であったので、空襲当日は防衛召集で龍拈寺の宿所に泊まり込んでいました。空襲がはじまると、消火活動に明け暮れていたそうです。

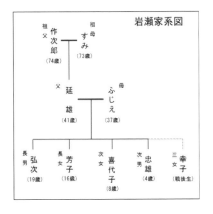

岩瀬家系図

- 祖父 作次郎（74歳）
- 祖母 すみ（73歳）
- 父 延雄（41歳）
- 母 ふじゑ（37歳）
- 長男 弘次（19歳）
- 長女 芳子（16歳）
- 次女 喜代子（8歳）
- 次男 忠雄（4歳）
- 三女 幸子（戦後生）

**【ふじゑ・弘次・喜代子・忠雄】**

　当日、新銭町の家には母親のふじゑ、長男の弘次、次女の喜代子、次男の忠雄の4人がいました。弘次は家を任されていたので、度重なる空襲警報のために寝ずに起きていたそうです。

　12時ごろ、爆音が聞こえて空襲警報が響きわたりました。弘次が2階の物干し台に上って空を見ると、炎に照らされたB29爆撃機の銀色の機体が大きく見え、低空で焼夷弾を落としながら飛んでいました。

　空襲がはじまっても、ふじゑは隣家の住人と、避難するかどうか相談したり、防空壕に出たり入ったりしてなかなか動くことができません。しかし、近くの白山比咩神社あたりに焼夷弾が落ちると、ようやく避難を決めました。

　そこで、弘次が物干し台からあたりを見まわし、北西の吉田方面が燃えずに暗かったので「あっちへ逃げろ」と指示し、ふじゑ・喜代子・忠雄の3人は先に避難することになりました。

　3人は急いで、豊橋別院（御坊様）を通って墓地を抜けました。忠雄は小さかったので走るのが遅く、

そのうちにふじゑが忠雄を背負って走り出しました。しかし、ゆっくり走るので、喜代子は不安になり「死んじゃう、死んじゃう」と言いながら逃げたそうです。額ビルの通りを真っ直ぐに進み、商工会議所の横を通って鉄道線路を越え、大津屋横を通って出た田んぼ道を北へ下って、養鰻池のところに着きました。誰かが「池に入っていろ」と言ったのでその通りにしましたが、6月の夜は寒く、途中から外に出ました。布団をもって避難していた人がいて、それを貸してくれたので濡れたままでくるまっていました。

　一方、残った弘次は、3人を送り出したあとも1人で家の整理や戸締まりをしていました。すると1発の焼夷弾が隣家に落ちて燃えはじめました。焦って戸締りを急いでいると、しばらくして警防団の「火を消したぞ」との叫び声が聞こえました。30分ぐらい経ったころ、隣家の大場さんが「弘ちゃん逃げるぞ」と呼びに来ました。外に出ると、すでにあたりには人が1人もいませんでした。さらに、天神街のカフェー2軒が燃えているの

```
— 弘次避難経路
‥‥ ふじゑ・喜代子・忠雄避難経路
```

避難経路（『戦災復興誌』より加筆引用）

が見えました。あわてて自転車に乗り、吉田方方面をめざして2人で走り出しました。

　新銭町から魚町にさしかかった時、多数の焼夷弾が空から降ってきました。「危ない！」と叫んで2人で自転車を降り、地面に伏せました。幸い、焼夷弾は外れて落ちたので、再び自転車に乗り、豊橋病院の方向へ走っていきました。このとき、本町あたりはまだ火の手が来ていませんでしたが、街は人がまったくおらず、静寂そのものでした。さらに自転車で走って、豊橋病院横を通り、守下の交差点まで来ると、こんどは避難する人で混雑しはじめました。交差点を左折し、鉄道線路を越えて菰口の田んぼまで逃げ延びると、そこは避難した人であふれ返っていました。なかには、焼夷弾の油脂でやけどを負った近所の人もいました。ここで偶然、先に逃げた母のふじゑたちと合流できました。喜代子が布団にくるまっていたので、けがをしたものと勘違いして大変驚いたそうです。

【芳子】

　市立高等女学校に通っていた芳子は、学徒動員で派遣されていた豊川海軍工廠の寄宿舎に泊まっていました。寄宿舎から長山にあった疎開工場へ毎日仕事にでかけていたのでした。空襲時は、寄宿舎から豊橋の方角を向き、家族の無事を祈っていたそうです。

　豊橋空襲のとき、岩瀬家は防空壕避難、防衛招集、避難、学徒動員とバラバラになって行動していました。家族は一緒に避難して過ごすのが理想的ですが、実際には仕事や役割など、立場やいろいろな理由で離散して避難することになる例といえるでしょう。

# 第5章

## 空襲による各地区の被害

### 焼け野原となった豊橋の市街地

　空襲で焼け野原となった市街地のようすを詳しくみていきます。下の写真は、74頁写真の市街地部分を拡大し、北を上にしたものです。米軍が昭和20（1945）年7月5日に撮影したもので、空襲直後の豊橋市街地を上空から写した貴重なものです。雲で一部が隠れていますが、市街地周辺のようすがよくわかります。空襲の爆撃中心点が設定された広小路5丁目（現3丁目）を中心とした半径4,000フィート（約1.2km）の範囲では、建物が焼けてしまいほとんど残っていません。建物のがれきが片づけられ、整地され、地面が露出した状態になっているため、

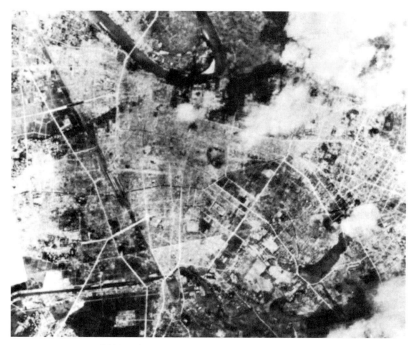

豊橋市街地上空写真（市街地部分拡大）　7月5日米軍撮影

全体的に白っぽく写っています。

　これに対し、焼けずに建物が残ったり、草木がしげった場所は、黒っぽく写っています。ところどころにある四角い影は、建物が残っているところです。

　ここからは、地区ごとに空襲による被害のようすを細かくみていきます。

## 市街地の状況
### 豊橋駅

　豊橋駅には省線（国有鉄道）の東海道本線・飯田線・二俣線、名古屋鉄道の東部本線・渥美線、豊橋電気軌道線が乗り入れていました。豊橋だけではなく、渥美半島や豊川、奥三河など、東三河地域の玄関口としてにぎわいました。

　空襲がはじまったときにも列車は運行されていました。『豊橋駅勢要覧』によると、空襲被害をうけないように駅構内にあった車両の分散をこころみ、二俣線の車両を構内従業員が手で押して移動させている途中に焼夷弾が音をたて

豊橋駅

空襲後に仮駅舎が建てられた豊橋駅

ながら落ちてきたそうです。焼夷弾は駅の裏や跨線橋、列車に燃えうつりました。停車中の貨車には弾薬などの兵器が積んであったため大爆発をおこしました。やがて職員集会所などに直撃弾があたり、官舎も燃えはじめ、駅一帯が火の海となったそうです。朝の5

空襲直後の豊橋駅周辺（上空から）

時ごろまで燃えつづけ、駅は焼きつくされましたが、信号扱所、助役派出所、従業員詰所など一部の建物は残りました。戦時中の昭和18（1943）年に豊橋駅となった旧吉田駅の駅舎も焼けましたが、コンクリートでつくられていた外壁のみは焼け残り、昭和25（1950）年ごろまで駅舎として使われました。

　米軍が撮影した空襲後の写真の駅部分を拡大してみると、白く光る2本のプラットホームがみられ、列車と思われる黒っぽい長方形の列があります。建物らしいものはみあたりませんでした。

## 中心部

**駅前・広小路界隈**

町名：花田町字西宿・字稗田・字狭間、松葉町、花園町、新銭町、清水町、神明町など

### 空襲前の状況

　駅前広場からは、いまの駅前大通のもととなった広い計画道路が途中までできていました。このあたりの町名は花田町字西宿で、旅館をはじめ、商店、飲食店、市場、住宅などが雑然と建ちならぶ場所でした。

一方、広小路は道路の中央を市電が走り、両側にはさまざまな商店が建ちならぶ豊橋一の商店街でした。通りは広小路1〜5丁目に分かれていて、百貨店などがある5丁目が一番にぎわっていまし

広小路5丁目

た。昭和20年5月には、空襲にそなえた建物疎開によって丸物百貨店などは取り壊されました。

## 写真からみた状況

　空襲後の写真を拡大してみると、空襲によって焼け野原となったことがわかります。駅前からまっすぐ延びる計画道路や広小路通、萱町通などの道路がかろうじて見て取れます。

　よくみると、ところどころ影のようなものが写っており、何棟かは建物が残ったようです。計画道路の中央下には、狭間国民学校の校舎があるのがわかります。写真中央の黒っぽいところは喜見寺の墓地、その上の黒っぽい四角の部分は豊橋別院の森で、建物は燃えましたが周囲の木々は

空襲直後の駅前・広小路（上空から）

残ったようです。

**焼失した建物**

壺屋旅館、大村旅館、大野銀行、錦館、松月堂、松山時計店、精文館、ミカド運動具店、オーテ万年筆、福井商店、豊橋美容院、丸地本店、水野商会、精文館書店、日光電機商会、太田屋、白山比咩神社など。

焼け残った狭間国民学校校舎

**残った建物**

　計画道路沿いには狭間国民学校があり、講堂などは焼けおちましたが、鉄筋校舎のみは残りました。広小路でも空襲後の写真には建物らしき影が写っていますが、焼け残った建物が何かはよくわかっていません。また、牟呂用水にかかっていた橋は、石橋であったため、すべてが残ったようです。

## 札木町界隈

町名：札木町、本町、上伝馬町、指笠町、三浦町、魚町、花園町

**空襲前の状況**

　札木は江戸時代、本陣や脇本陣をそなえた吉田宿の中心で、明治、大正、昭和初期と豊橋の中心として発展しました。老舗の銀行、旅館、料亭、菓子司などが建ちならぶ歴史のある街でした。

**写真からみた状況**

　札木町界隈も、写真でみると焼け野原になっていたことが分かりま

す。ただ、ところどころ、建物の影のようなものが写っています。実際に地上で撮られた写真を見ると、耐火建築のコンクリート建物や土蔵は焼け残っていることがわかります。

札木町

## 焼失した建物

安海熊野社、豊橋別院、喜見寺、郵便局、愛知銀行、名古屋銀行、日本貯蓄銀行、魚市場、伊東屋、千歳楼、山安食料品店、白井洋服店、佐藤善作商店、若松園、田中屋呉服

空襲直後の札木町周辺（上空から）

店、市田道太郎商店販売部、ますや旅館、豊橋幼稚園など。

## 残った建物

札木町の名古屋銀行、郵便局電話事務室。

### 松葉町界隈

町名：松葉町、萱町、花田町字石塚・守下

## 空襲前の状況

松葉町周辺は、銀行がならぶ表通りのほか、豊橋劇場をはじめとする映画館も数軒あり、お酒が飲める飲食店も多く、娯楽の街といえま

した。

## 写真からみた状況

　駅の北側から豊橋病
院のある台地縁辺部に
かけての花田町字石塚
あたりは、市街地のな
かでも、特にまとまっ

商工会議所ビルから写した松葉町

て燃え残った地区です。鉄道線路か
ら幅約100mで、豊橋病院ぐらいま
での長さ約500m、台地端にそって
家が燃えずに残りました。一方、台
地下の花田町字守下あたりは、松葉
国民学校の校舎が燃えたように、ほ
とんどが焼け野原となりました。

## 焼失した建物

　愛知県生糸組合東三支部、豊橋劇
場、帝国館、キネマパワー、松葉国
民学校など。

空襲直後の松葉町周辺（上空から）

## 残った建物

　松葉町の旧額田銀行（額ビル）、来本紙店倉庫、豊橋病院、花田町字
石塚の愛知県商工会、大聖寺や多数の住宅、萱町の第一銀行など。

---

### 船町界隈

町名：船町、花田町字守下・字池下・字南島、松葉町、湊町、関屋町

## 空襲前の状況

水運で栄えた船町を中心に、湊町、関屋町などの豊川ぞいの町は、川と生活がむすびついた地区でした。旧東海道が豊川をこえる豊橋や、物資を運んだ川湊が江戸時代からあり、交通の要衝でした。

船町大通

## 写真からみた状況

船町や花田町字南島・字守下あたりは一面の焼け野原となりました。工場があつまった地区でしたが、日本食料工業、井ヅ平醤油など、多くの工場は焼けてしまいました。また、青果市場や、龍運寺などの社寺も焼失しました。

空襲直後の船町周辺（上空から）

ただ、よく見ると建物らしい影も見て取れるので、建物は若干残っていたようです。また北島町から豊川にかけては、空襲による被害はほとんどなく、建物が残っていました。

　湊町や関屋町あたりには、社寺が多くありましたが、空襲によって焼失したのは悟真寺および周辺寺院だけでした。関屋町では、吉田神

社やその西側あたりの民家は燃え残りました。湊町では、最初に大正製氷あたりに焼夷弾が落ちたようで、神明社以外はほとんど焼きつくされました。

**焼失した建物**

　悟真寺、東邦電力、日本食料工業、井ヅ平醤油、仲六商店、松葉国民学校など。

**残った建物**

　関屋町の吉田神社や豊橋ホテル、民家など、湊町の湊神明社、土蔵やレンガ建物、また、鉄骨造りの豊橋も残りました。

## 八町界隈

町名：西八町、中八町・東八町・飽海町・旭町

**空襲前の状況**

　中部百部隊（元歩兵第十八聯隊）本部があった東八町、警察署があった中八町、市役所や公会堂、図書館があった西八町など、官公庁が集まっていた地区です。江戸時代から豊橋の政治の中心地でした。

西八町

**写真からみた状況**

　元歩兵第十八聯隊を中心としたあたりが空襲の被害を受けず、建物が残っているのがよくわかります。実際、中八町、東八町など、市電

通りより南側は燃えて
しまいました。逆に市
電通りより北は、焼失
した建物は少なかった
といえます。

空襲直後の八町周辺（上空から）

**焼失した建物**

　市役所、区裁判所、八幡社、有楽館、愛知県農工銀行、豊橋看護婦会、旭亭本店、赤門薬局など。

**焼け残った建物**

　中部百部隊（元歩兵第十八聯隊）をはじめ、西八町の公会堂、消防署望楼、図書館、中八町の警察署、神明社（安久美神戸神明社）、ハリストス正教会、東八町の税務署、八町国民学校の鉄筋校舎、中八町の住宅など。

**曲尺手町界隈**

町名：曲尺手町、呉服町、鍛冶町、手間町（現神明町）、吉屋町（現新吉町）、中世
　　　古町、談合町、西新町など

**空襲前の状況**

　旧東海道ぞいの曲尺手町、呉服町、鍛冶町を中心として手間町、中世古町などがあり、江戸時代からのなごりで、衣料品、金物取扱、米穀店などがあつまった街でした。

**写真からみた状況**

　焼け野原が広がっていますが、龍拈寺境内の森は残りました。また、中世古町、談合町あたりには黒くうつった建物が確認できます。

### 焼失した建物

東雲座や松竹館の映画館、談合神社、野口神明社、龍拈寺本堂、西光寺、神戸小三郎商店、豊川堂など。

### 残った建物

龍拈寺山門、談合町・西新町の牟呂用水沿いの家屋と中世古町・談合町の道沿いの家屋など。

空襲直後の曲尺手町周辺（上空から）

## 前田町界隈

町名：船原町（現舟原町）、前田町、吉田町（現前田町）、前田南町など

### 空襲前の状況

前田町界隈は市街地東部に位置し、もともとは田園地帯で民家が点在していましたが、田畑を開発して、格子状に道路を設定し、新興住宅街となった地区でした。

前田町

### 写真からみた状況

牟呂用水より東側、船原町の豊橋高等国民学校のあたりは被害がなく、家が密集して写っています。前田町も家が残っていますが、向山から龍拈寺をむすぶ道路の南側は焼け野原となっているようです。吉田町のあたりも焼けました。ただ、新川国民学校やその周囲には、焼

けずに残った建物があったようです。小畷町、前田南町は、向山から柳生橋までの道より北側は、豊橋中学校西側に家が密集して残っているところがありますが、それ以外は焼け野原となっています。道路南側や八十間道路東側は空襲の被害が少なく、建物が残っていました。

**焼失した建物**

富国徴兵保険、豊橋輸出麻真田工業組合、網太工場、東三家政婦会など。

空襲直後の前田町周辺（上空から）

**残った建物**

船原町の豊橋高等国民学校、中嶋荷札店、前田町の豊橋一心館など、焼夷弾が投下されなかった町にあった木造建物はほとんどが残りました。焼夷弾が落とされた吉田町あたりは焼けた地域と残った地域に分かれ、新川国民学校は焼けた地域にありましたが、コンクリート造であったため残りました。

---

**中柴町界隈**

町名：中柴町字中柴・字道六、西小田原町、東小田原町、花田町字黒福・花田町字松山など

**空襲前の状況**

江戸時代には田原道がとおり、城下町から田原方面へつづく街道筋でしたが、明治41年に第十五師団が高師村に設けられると、市街地と師団をむすぶ主要な街になりました。街道ぞい以外の場所にも家が

建ちならび、住宅街ができるように
なり、渥美線や市電の柳生橋線がと
おる交通の便がよい街でした。

**写真からみた状況**

牟呂用水より南、柳生橋までのあ
いだの中柴町、東小田原町は一帯が
焼け野原となっています。建物では
松山国民学校が確認できます。豊橋
中学校は、校舎はすべて焼失しまし
たが、敷地周囲の並木などは残った
ようです。

**焼失した建物**

中柴町の豊橋中学校、唯心寺、武
徳殿、豊橋牛乳組合、愛知県豊橋毛
筆同業組合、荒井商会、小田原町の
名古屋地方専売局、平和商会など。

**残った建物**

松山国民学校の校舎は残りました。
そのほかにも建物らしきものが写っ
ていますが、特定できません。

中柴新道

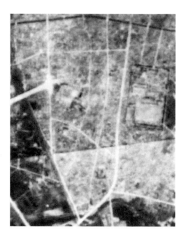

空襲直後の中柴町周辺 （上空から）

### 西駅（花田町）界隈

町名：花田町字斉藤・字稲葉・字手棒・字大塚・字流川・字八通など

**空襲前の状況**

「西駅」とよばれた豊橋駅の西側に位置し、製糸工場が密集した豊橋

を代表する産業地帯でした。無数に建ちならぶ工場の煙突が、このあたりのシンボルとなっていました。

## 写真からみた状況

城海津から線路を越える道路より北側あたりの台地端部ぞいは、羽田八幡宮や民家などの建物が残りました。これに対して西駅前は焼け野原となりました。また、牟呂用水にそった字稲葉あたりも焼け、映画館の花田館なども燃えました。しかし、よくみると、ところどころ建物らしき影がみ

空襲直後の西駅（花田町）周辺（上空から）

られます。花田跨線橋から延びる道路（現みなと大通り）のつきあたりには羽根井国民学校が残っています。牟呂用水とこの道路の間は、中部瓦斯と羽根井国民学校の間あたりで建物が多く残っており、そのなかには丸上小松製糸場などの工場もありました。字中郷や字後田、字西郷などの集落へも焼夷弾が落とされたため、ところどころの家屋が焼失しました。また、軍事工場であった豊橋精機は、焼きつくされて地面が露出し、白っぽく写っています。

## 焼失した建物

豊橋精機、壺屋弁当部、花田館など。

**残った建物**

　羽田八幡宮、羽田八幡宮文庫、浄慈院、中部瓦斯、大津屋株式会社、豊橋製陶所、花田国民学校、羽根井国民学校、丸上小松製糸場など。

## 小池町界隈

町名：柳生町、小池町、高師石塚町、山田町など

**空襲前の状況**

　小池町界隈は、もともとは田原街道ぞいの小集落でしたが、第十五師団が設けられたことで、軍に納入する業者や商店、旅館などが建ちならぶ街となりました。

**写真からみた状況**

　田原街道ぞいの柳生町は、4月15日の空襲で焼けています。字上ノ山・野脇・京塚のあたりも焼け野原となりましたが、ところどころ家屋が残っているのがわかります。また、字西海戸のあたりは家屋がまとまって残りました。また、遊郭があった字南新地も被害を受けましたが、部分的に家が残ったようです。一方、山田町は被害がほとんどなく、

空襲直後の小池町周辺（上空から）

小池神社もそのまま残っています。高師石塚町のあたりも陸軍官舎を

はじめ家屋が残っています。

**焼失した建物**

　県立盲唖学校など。

**残った建物**

　陸軍予備士官学校、陸軍予備士官学校長官舎、小池神社、潮音寺、
福岡国民学校、愛知高等和洋女学校など。

## 向山町界隈

町名：向山町、向山台町、向山西町、向山大池町、瓦町、伝馬町、大井町、三ノ
　　　輪町など

**空襲前の状況**

　向山町界隈は、江戸時代に水源として人工のため池の大池がつくら
れた、高台の街です。最初に東海道筋にあった瓦町がにぎわい、やが
て向山町に工兵第三聯隊が
設置されたことによって商
店や民家がふえていき、お
もに住宅街として栄えた街
でした。

**写真からみた状況**

　豊橋高等国民学校から大
池にかけての向山台町、向
山西町、向山大池町などに
わたる範囲は、焼夷弾が落
とされることがなく、空襲
の被害がほとんどみられな

空襲直後の向山町周辺（上空から）

い場所です。大池の南西角あたりは、2月15日に爆弾で被災したことになっていますが、写真からは読み取れません。瓦町や伝馬町も一部家屋が焼失したことになっていますが、雲が重なっていたりして、写真からはわかりませんでした。

**焼失した建物**

　安養寺など。

**残った建物**

　独立工兵第百五大隊（元第三工兵隊）、市立高等女学校、神明社（瓦町）、本興寺、動物園、豊橋病院分院など。

　東田町界隈

町名：東田町、旭町、東新町、老松町、住吉町など

**空襲前の状況**

　東田町界隈は城下町の東側にあたり、集落が点在する地区でした。明治期に札木町・上伝馬町から遊郭が移ってきて、大正には市電が引かれました。市電が通ることによって、沿線は発展して街が広がりました。やがて、市街地はさらに東へと広がっていきました。

**写真からみた状況**

　東田町あたりは雲がかかっていて、地上のようすがわからない場所があります。わかる範囲で述べると、旭町あたりは市立女子商業学校や周囲で建物が残りました。東田町では字西郷の臨済寺や字西前山の東田国民学校は焼失しましたが、臨済寺の森や周囲の家屋はところどころが残りました。また、字姜郷の市立商業学校や字東郷の豊橋桜ヶ丘高等女学校の校舎は燃え、周囲の家屋は部分的に残りました。東新町あたりは焼け野原になっており、東田町字北蓮田の豊城神社も焼け、

老松町にかけて家屋が焼失しました。ただ、陸軍墓地あたりは森が残り、周辺には家屋が点在して残ったようです。

**焼失した建物**

市立商業学校、豊橋桜ヶ丘高等女学校、東田国民学校、豊城神社、大蓮寺、臨済寺など。

**残った建物**

市立女子商業学校、全久院、神明社（東田）、陸軍墓地、本門寺、大蓮寺十王堂、東田遊郭など。

空襲直後の東田町周辺（上空から）

## 各施設の被害のようす

### 軍施設

市内の軍施設には、吉田城址の中部百部隊（元歩兵第十八聯隊）、町畑町の陸軍第一予備士官学校（元第十五師団）、向山町の独立工兵第百五大隊等（元工兵第三聯

独立工兵第百五大隊等（元工兵第三聯隊）

隊）、大津島あたりにつくられた豊橋海軍航空隊基地などがありました。このなかで、空襲によって焼夷弾や爆弾が落とされて被害があったと記録があるのは、豊橋海軍航空隊基地と陸軍第一予備士官学校ぐらいです。豊橋海軍航空隊基地へは、およそ100発の焼夷弾が投下されたようですが、日本側の記録では被害がなかったとあります。いっぽう、米軍の記録では航空機の格納庫が2棟壊されたとなっています。

　町畑町にあった陸軍第一予備士官学校は、北西端あたりに爆弾が落とされたことになっています。陸軍兵器廠が攻撃の対象になっていたので、狙われたようです。

　一方、市街地にあった中部百部隊や独立工兵第百五大隊などにも若干の焼夷弾が落ちたようですが、駐留していた兵隊たちによって消火され、被害が最小限で抑えられたようです。

## 工場

　戦前、花田町を中心に多くあった製糸工場は軍需工場に変わり、市内の工場は兵器などをつくっていました。豊橋の工場では航空機の部品や機銃などがつくられていましたが、これら工場は空襲によってほとんどが焼失しました。

　花田町にあった豊橋精機は空襲により壊滅し、大日本兵器も焼失しました。また、牟呂町にあった太陽航空工業などにも焼夷

空襲被害を受けた工場の数（『戦災復興誌』より作成）

| 番号 | 工場種類 | 数(19.12末) | 被害数 |
|---|---|---|---|
| 1 | 金属工場 | 55 | 46 |
| 2 | 機械器具工業 | 166 | 155 |
| 3 | 化学工業 | 37 | 32 |
| 4 | 瓦斯および電気工業 | 1 | 1 |
| 5 | 窯業および土石工業 | 36 | 34 |
| 6 | 紡織工業 | 426 | 401 |
| 7 | 製材および木製品工業 | 174 | 164 |
| 8 | 食料品工業 | 76 | 67 |
| 9 | 印刷および製本工業 | 12 | 12 |
| 10 | その他の工業 | 335 | 335 |
| | 合　計 | 1,318 | 1,247 |

弾が落ちました。市内に 16 もの工場があった航空機製作工場も大きな被害を受けました。

　空襲によって被害を受け、操業できなくなった工場の数は 1,247、残った工場は 71 と、実に全体の 94% にあたる工場に被害が出て、豊橋の工業は壊滅しました。

## 学校

　いまの教育制度とちがい、当時の学校は、簡単にいうと、現在の小学校にあたる国民学校（尋常小学校）、中学校にあたる国民学校高等科（高等小学校）、高校にあたる中学校や女学校・実業学校、そして大学にあたる高等学校や専門学校、大学という仕組みになっていました。豊橋には、国民学校、国民学校高等科、女学校がありましたが、高等学校や専門学校、大学はありませんでした。

　市街地の学校も空襲によって大きな被害を受けました。中学校などでは県立豊橋中学校をはじめ、市立商業学校・工業

焼失した市立商業学校

焼失した学校（『戦災復興誌』より作成）

| 番号 | 名前 | 当時住所 | 焼失棟数 | 現存の有無 |
|---|---|---|---|---|
| 1 | 市立商業学校・工業学校 | 東田町字堂前 | 4 | 無 |
| 2 | 桜ヶ丘高等女学校 | 東田町字東郷 | 4 | 無 |
| 3 | 県立豊橋中学校 | 中柴町字道六 | 15 | 無 |
| 4 | 東田国民学校 | 東田町字西前山 | 8 | 無 |
| 5 | 八町国民学校 | 東八町 | 10 | 無 |
| 6 | 松葉国民学校 | 花田町字守下 | 10 | 無 |
| 7 | 狭間国民学校 | 花田町字狭間 | 3 | 無 |
| 8 | 下地国民学校 | 下地町字下地 | 4 | 無 |
| 9 | 吉田方国民学校 | 吉川町 | 10 | 無 |
| 10 | 松山国民学校 | 西小田原町 | 3 | 無 |
| 11 | 県立盲唖学校 | 鍵田町 | 2 | 無 |

学校、桜ヶ丘高等女学校などの校舎が燃えました。これらの学校では、焼けなかった学校の校舎や軍の兵舎を借りて授業をおこないました。

　国民学校では、東田、八町、松葉、狭間、下地、吉田方、松山の各校が空襲の被害を受けました。鉄筋コンクリート造の校舎があった八町、狭間、松山は燃え残りましたが、全焼してしまった他の学校では、軍兵舎や工場、社務所などを使って授業がおこなわれました。

　また県立盲啞学校も焼けましたが、移転先がみつからなかったため、戦争が終わるまで授業は再開されなかったそうです。

## 神社・寺院・教会など

　江戸時代に吉田城下町として栄えた市街地には、吉田神社や神明社（安久美神戸神明社）などの神社、悟真寺や龍拈寺などの大寺院をはじめとした多くの寺院、明治以降に建てられたキリスト教や新興宗教の教会がありました。

　空襲では、吉田神社、神明社（安久美神戸神明社）、湊神明社、羽田八幡宮以外の神社はほとんど焼けてしまいました。焼失した神社は19にのぼります。なかには、戦後に白山比咩比社と合祀された吉田天神社のように、場所が変わったものもあります。

　寺院では、53もの堂宇が焼

焼失した神社（『戦災復興誌』より作成）

| 番号 | 名前 | 当時住所 | 社格 |
|---|---|---|---|
| 1 | 牟呂八幡社 | 牟呂町 | 郷社 |
| 2 | 八幡社 | 東八町 | 指定村社 |
| 3 | 神明社（野口神明社） | 神明町 | 指定村社 |
| 4 | 白山比咩神社 | 新銭町 | 指定村社 |
| 5 | 諏訪神社 | 中柴町 | 指定村社 |
| 6 | 松山神社 | 花田町字松山 | 指定村社 |
| 7 | 八剱神社 | 花田町西郷 | 指定村社 |
| 8 | 神明社 | 小浜町 | 指定村社 |
| 9 | 談合神社 | 談合町 | 無指定村社 |
| 10 | 豊城神社 | 東田町 | 無指定村社 |
| 11 | 安海熊野社 | 魚町 | 無指定村社 |
| 12 | 大已貴社 | 中柴町 | 無各社 |
| 13 | 羽田上神社 | 花田町 | 無各社 |
| 14 | 素盞嗚神社 | 本町 | 無各社 |
| 15 | 秋葉神社 | 船町 | 無各社 |
| 16 | 金刀比羅神社 | 吉屋町 | 無各社 |
| 17 | 吉田天神社 | 新銭町 | 無各社 |
| 18 | 若宮八幡宮 | 瓜郷町 | 無各社 |
| 19 | 素盞嗚神社 | 牟呂町 | 無各社 |

けてしまいました。街なかの寺院だけではなく、郊外にあった瓜郷町の薬師寺や野田町の法香院なども焼けました。市街地では、関屋町の悟真寺、吉屋町の龍拈寺、花園町の豊橋別院などの大寺院も焼け、悟真寺では、明治天皇の行在所{あんざいしょ}となった書院も焼けてしまいました。龍拈寺は、本堂などは焼けましたが、山門のみ残りました。残った寺院は、大聖寺、浄慈院などがあります。

焼失した白山比咩神社

焼失した悟真寺本堂

このほか、キリスト教をはじめ、江戸末期に生まれた天理教、教派神道の御嶽教、神道大教、神道教などの教会は、空襲によって21の教会が焼けてしまいました。残ったのはロシア正教のハリストス正教会ぐらいといえます。

信仰の対象であった各施設が焼失したことで、人々は心のよりどころを失い、大きな喪失感に打ちのめされました。

神宮寺本堂

焼失した寺院 (『戦災復興誌』より作成)

| 番号 | 名称 | 当時の住所 | 宗派 | 番号 | 名称 | 当時の住所 | 宗派 |
|---|---|---|---|---|---|---|---|
| 1 | 大蓮寺 | 東田町字西脇 | 浄土宗 | 28 | 樹松院 | 関屋町 | 浄土宗 |
| 2 | 臨済寺 | 東田町字西郷 | 臨済宗 | 29 | 竜興院 | 関屋町 | 浄土宗 |
| 3 | 安養寺 | 向山町字庚申下 | 臨済宗 | 30 | 専称寺 | 関屋町 | 浄土宗 |
| 4 | 龍拈寺 | 吉屋町 | 曹洞宗 | 31 | 勢至寺 | 関屋町 | 浄土宗 |
| 5 | 長養院 | 吉屋町 | 曹洞宗 | 32 | 竹意寺 | 関屋町 | 浄土宗 |
| 6 | 悟慶院 | 吉屋町 | 曹洞宗 | 33 | 善光院 | 関屋町 | 浄土宗 |
| 7 | 日進院 | 吉屋町 | 曹洞宗 | 34 | 全宗寺 | 関屋町 | 浄土宗 |
| 8 | 盛涼院 | 吉屋町 | 曹洞宗 | 35 | 来高院 | 関屋町 | 浄土宗 |
| 9 | 西光寺 | 手間町 | 曹洞宗 | 36 | 法蔵院 | 関屋町 | 浄土宗 |
| 10 | 妙園寺 | 清水町 | 日蓮宗 | 37 | 清源寺 | 花田町字城海津 | 浄土宗 |
| 11 | 清宝院 | 中世古町字中世古 | 真言宗 | 38 | 賢養院 | 上伝馬町 | 曹洞宗 |
| 12 | 花谷院 | 中世古町字中世古 | 曹洞宗 | 39 | 興徳院 | 上伝馬町 | 曹洞宗 |
| 13 | 観音寺 | 中世古町字中世古 | 浄土宗西山派 | 40 | 龍運寺 | 船町 | 浄土宗 |
| 14 | 園城寺 | 西八町 | 真宗本願寺派 | 41 | 長全寺 | 花田町字斉藤 | 曹洞宗 |
| 15 | 神宮寺 | 紺屋町 | 天台宗 | 42 | 正光寺 | 橋良町字中柱 | 臨済宗 |
| 16 | 蓮泉寺 | 花園町 | 真宗大谷派 | 43 | 潮音寺 | 小池町字西海戸 | 曹洞宗 |
| 17 | 仁長寺 | 花園町 | 真宗大谷派 | 44 | 阿弥陀寺 | 王ヶ崎町字王郷 | 臨済宗 |
| 18 | 浄円寺 | 花園町 | 真宗大谷派 | 45 | 楽法寺 | 牟呂町字東脇 | 曹洞宗 |
| 19 | 応通寺 | 花園町 | 真宗大谷派 | 46 | 法香院 | 野田町字野田 | 浄土宗 |
| 20 | 豊橋別院 | 花園町 | 真宗大谷派 | 47 | 香福寺 | 吉川町字吉川 | 浄土宗 |
| 21 | 喜見寺 | 新銭町 | 曹洞宗 | 48 | 聖眼院 | 下地町字豊中 | 真宗高田派 |
| 22 | 正林寺 | 花田町字東郷 | 曹洞宗 | 49 | 真光寺 | 下地町字豊中 | 真宗高田派 |
| 23 | 唯心寺 | 花田町字寺東 | 真宗大谷派 | 50 | 裕泉寺 | 下地町字豊中 | 真宗高田派 |
| 24 | 正淋寺 | 花田町 | 真宗大谷派 | 51 | 永福寺 | 下地町字北村 | 曹洞宗 |
| 25 | 悟真寺 | 関屋町 | 浄土宗 | 52 | 薬師寺 | 瓜郷町一新替 | 曹洞宗 |
| 26 | 西禅寺 | 関屋町 | 浄土宗 | 53 | 大応寺<br>(被害) | 草間町字東山 | 曹洞宗 |
| 27 | 観音寺 | 関屋町 | 浄土宗 | | | | |

焼失した教会 (『戦災復興誌』より作成)

| 番号 | 宗教 | 名前 | 番号 | 宗教 | 名前 | 番号 | 宗教 | 名前 |
|---|---|---|---|---|---|---|---|---|
| 1 | 天理教 | 愛豊分教会 | 8 | 天理教 | 豊化分教会 | 15 | 御嶽教 | 神恩教会 |
| 2 | 天理教 | 愛神分教会 | 9 | 天理教 | 豊橋城分教会 | 16 | 御嶽教 | 豊橋積徳教会 |
| 3 | 天理教 | 豊中分教会 | 10 | 天理教 | 本将分教会 | 17 | 御嶽教 | 豊橋心頭教会 |
| 4 | 天理教 | 宮豊分教会 | 11 | 天理教 | 名豊分教会 | 18 | 神道大教 | 豊橋小教会 |
| 5 | 天理教 | 豊市分教会 | 12 | 天理教 | 牟呂分教会 | 19 | 神道大教 | 直通大教会 |
| 6 | 天理教 | 豊花分教会 | 13 | 御嶽教 | 豊橋御嶽教会 | 20 | 日本基督教団 | 豊橋教会 |
| 7 | 天理教 | 豊府分教会 | 14 | 御嶽教 | 日出教会 | 21 | 日本基督教団 | 豊橋旭町教会 |

# 燃えずに残った豊橋病院

豊橋駅の北側、花田町字石塚にある豊橋商工会議所の裏手あたりには、道が細くて家が密集したところがあります。この場所は、道をはさんで隣にあった市立豊橋病院とともに、豊橋空襲で燃えなかった地区です。このため、戦災復興の区画整理事業から外されたのでした。なぜ燃えずに残ったのでしょうか。そこには当時の人びとの努力がありました。

## 空襲当日の豊橋病院

空襲がおこった当日のようすを『豊橋市民病院史』からみてみましょう。

豊橋病院では、戦争の激化にともない、昭和17（1942）年8月に非常内規を見直して空襲に備えていました。この内規は、非常時には防護班を編成し、職員は速やかに出勤して分担された業務にあたることなどが、9条にわたって記されていました。

空襲がはじまると、職員たちは内規に従ってそれぞれの部署で活動し、院内に落ちてきた焼夷弾を次々に消し止めたそうです。

やがて、豊橋駅の方で爆発音と烈火がみられ、病院付近も焼き払われて火の粉が飛んでくるほどになりました。そのような状況のなか、駅の火災を消火するように命令を受け、遠く離れた刈谷と安城から消防車2台が駆けつけて来ました。そのときに宿直していた鈴木市郎内科医長と、駆け付けた鈴木半平事務長が、消防車の人に「豊橋駅は全焼で消火する必要もないので、現に危機に瀕している市立病院と隣接の公設市場を、計画を変更して守ってほしい」と懇願したそうです。消防車の人たちもそれを聞き入れ、貯水池の水を使って病院の建物に放水し、火災から病院を守ったのでした。燃え尽きた駅ではなく、まさに燃えようとしている病院へと消火場所を変えるという、いわば「トリアージ」がおこなわれたのでした。

また、当時入院していた約120人の患者に対しては、豊川へ避難する者、防空壕へ避難する者、病室に留まる者の3班に分けて対処したそうです。

市立豊橋病院

　刈谷と安城の人たちと消防車の協力によって、患者と病院関係者から1人の負傷者も出さずに空襲をやり過ごしたとのことでした。

　このように、当時の人々の努力により、燃えずに残った豊橋病院は、地域医療の拠点として、その後に重要な役割を果たしました。空襲後、劣悪な環境のなかで6月29日に赤痢が発生し、約1,500人という患者を出しました。軍の協力のもと豊橋病院が治療と病原菌の撲滅にあたり、死者367人を出しながらも、10月をもって収束させたのでした。市内全域に赤痢が広がらなかったのも、豊橋病院が燃えずに残ったおかげといえるでしょう。

第6章

空襲後から終戦まで

## 負傷者への対応

空襲などの戦災では、豊橋警防団と豊橋市救護団の救護体制がとられていました。救護団とは医師会や歯科医師会、獣医師会の医師全員と、看護婦、助産婦で構成されたチームのことです。負傷者が出たときは警防団が助け、最寄りの病院へはこび、市へ連絡することになっていました。

しかし、実際に空襲がはじまると混乱してしまい、救護作業は十分にできませんでした。それぞれの避難所には、焼死体や負傷者が担架ではこばれてきました。しかし、避難所や救護所では、負傷者が多く、医師による手当ては計画通りにすすみませんでした。通信は途絶えていましたが、豊橋病院と東田町の桜丘病院が焼けなかったので、やけどなどの負傷者は両病院へはこばれました。死者は、警察の証明によって死亡届と火葬届がつくられ、警防団によって飯村町の火葬場へはこばれました。

## 罹災者への対応

焼夷弾の投下が終わって夜が明けると、被害のなかった町内会に、市から罹災者への炊き出し要請がでました。昼ごろには、軍用米を払い下げてもらい、市役所でも炊き出しがはじまりました。炊き出しは4日後の24日までつづけられました。

また、当時は米などの食糧や衣服などは統制されており、配給品なので自由に買うことはできませんでした。しかし、空襲という非常事態であったため、特別に生活必需品の配給がおこなわれました。市は、乾パン1,500箱、玄米7,526俵、馬鈴薯3万貫、大豆・玉ねぎなど4,000俵という食料を、市内や県、となりの豊川市などからも集め、焼けな

かった8カ所と、新しくつくった6カ所の配給所で配りました。

　米以外では、味噌、醤油、塩などの調味料や青果物なども臨時に配られました。食料品以外では、衣服やマッチ、木炭、食器、釜なども配給されました。

## 埋葬

　市では、空襲にそなえて「多発屍体処理要項」を作成し、多数の死者が出たときの対応をまとめていました。大人用2,000個、子ども用800個の木棺が避難所ごとに用意され、飯村町の火葬場で荼毘に付すことになっていて、死者が多数が出て、

空襲による死者の埋葬墓地（飯村町）

施設での火葬が間に合わないときは地面に穴を掘って火葬することとされました。

　しかし、実際に空襲によって死者が多数出ると、人手がたりなくなり、計画を変え、土葬もあわせておこなうことになりました。墓穴を掘るのは向山の軍に頼み、軍は演習という名目で、飯村墓地のとなりに約1.8m幅の穴を5列掘り、245体の遺体を埋葬しました。また、周辺の火葬場も利用して279体を火葬しました。

　のちの7月8日には、東田町の全久院で空襲被害者の収骨供養会が営まれました。

空襲によって焼け出された人々のなかには、、廃材などを組み合わせて焼け跡に建てたバラックと呼ばる粗末な小屋に住む人や、防空壕に住みつづける人などがいました。水道がこわされて、汚水処理ができない市街地の衛生状態はひじょうに悪く、伝染病発生の心配が

臨時に病院となった新川国民学校

ありました。市では「伝染病患者収容施設計画」「豊橋市防疫隊組織要項」をつくって対策を決め、発生にそなえていました。

6月29日、新川国民学校に避難していた罹災者から赤痢患者が出て、またたくまに校区内の各所に広がりました。はじめは、三ノ輪町の伝染病隔離病棟があった豊橋病院分院（避病院）へはこび、さらに豊橋病院にもはこびました。しかし、患者数が爆発的に増えていったので、しかたなく新川国民学校を「新川病院」として患者をはこんで隔離しました。

市では、軍の協力で「戦時防疫対策本部」を設け、防疫活動をはじめました。検病調査班が家をまわり、患者をみつけると収容班へ連絡して収容、消毒班が消毒をおこないました。また、新川病院への出入りも厳重に管理し、赤痢が広がらないように注意しました。臨時の新川病院では、場所も、設備もたりないために患者を床に直接寝かせ、各教室につめこんで治療にあたりました。10月をすぎると新たな患者は発生しなくなり、おさまりはじめました。最終的には、赤痢感染者数は1,459人にのぼり、そのうち367人が亡くなったのでした。

## 街のようす

　6月20日の午前3時ごろにB29爆撃機の焼夷弾投下は終わりましたが、市街地は燃えつづけていました。筆者が父から聞いた話では、おおかた鎮火したのは夜が明けてからだったそうです。焼け野原となった街なかは熱気がひどくて近よれず、街を迂回して歩いたにもかかわらず、新しい靴の底は溶けてしまったとのことでした。

　それでも空襲当日から、一面焼け野原となった市街地に、人々はもどりはじめました。ある人は自分の土地にバラックを建て、ある人は家の敷地にある防空壕に住みました。6月22日には、罹災者に町内会長を通して「罹災証明書」が配られました。また、親戚縁者をたよって市外へ転居する人たちへは「旅行証書」も交付しました。

　バラックなどに住む人が多かった理由は、父によると、住む場所がなかったという一面もありましたが、それよりも「住んでいない土地は取られてしまう」といううわさが広まっていたからだといいます。

　焼け跡となった街なかでは、鉄道などの各施設で復旧作業がおこなわれていました。豊橋駅は、空襲で、一部の信号扱い所、従業員詰所をのぞいた建物のほとんどを焼失し、大きな被害を受けました。国有鉄道（省線）の管轄では、車両の被害は客車全焼24、貨車全焼110、中破19にものぼりました。また、職員で死者2人、駅長をはじめ126人が罹災しました。駅職員は、これほどの被害を受けたにもかかわらず寝ずの復旧作業をおこない、20日の午後には東海道線の列車を8列車開通させました。ただし、平常運転になるまでには1週間かかったそうです（『戦災復興誌』）。

　私鉄では、名古屋鉄道東部線が乗り入れていた旧吉田駅の駅舎も外側の壁だけ残して焼けおちました。また同渥美線は、新豊橋駅、花田

駅、渥美信号所などを火災によって失いました。豊橋電気軌道は、空襲では本社、電車車庫、変電所は残りましたが、電柱と電線路を失ったの

空襲で大破した貨車

で、市内電車は運行不能になりました。自力で電柱と電線路の復旧工事をおこない、7月8日に東田〜前畑間が復旧し、17日には前畑〜旭橋間が運転を再開しました。しかし7月24日、田原方面への空襲により高圧電線が被害を受け、28日まで運転が休止されました。

　市内のインフラをみてみましょう。水道は、下条西町字三ノ下の水源地、牛川町字小鷹野の浄水場、多米町字蝉川の配水池などの主要設備に被害はありませんでしたが、配水管が被害を受けました。豊川に架かっていた船町〜下地間の水道橋と巡視橋が焼失し、細かくはりめぐらされていた配水管のうち100mm管が3カ所、75mm管が4カ所、公道給水管が20カ所、止水栓が約9,100カ所も破損しました。このため、空襲直前は約1万5,000戸だった供給戸数が、3,248戸と5分の1になりました。空襲直後は前田町方面のみで水が出ましたが、ほかの場所は水もれが多かったので、水源地に近い東田方面から水もれの応急対策をして、約1カ月かかったそうです。また、水道橋が破壊されたため、豊川対岸の下地町などへは数カ月も水が届きませんでした。水道の本格的な復旧は戦後になってもつづけられました。

　下水道は、空襲によって下水道配水区域の76%が罹災したため、全域において、排水管などの施設に被害が出ました。野田汚水処分場

はポンプ室に機銃掃射を
受けた程度で、下水道の
配水管は被害がほとんど
ありませんでしたが、雨
水枡やマンホールなどに
泥水が流れこんだため、
詰まってしまい機能しな
くなりました。

被害がなかった浄水場

　電気は、昭和 16（1941）
年の配電統制令によっ
てできた中部配電が供給
していましたが、空襲に
よって関屋町の豊橋営業
所が燃え、下地町にあっ
た変電所も被害を受けま
した。ただ、大村町にあっ
た変電所は比較的被害が
少なかったので、復旧を

被害がなかった汚水処分場

急いでおこない、数十時間後には電灯だけは点くようになりました。
　ガスは、花田町字手棒に製造所があった中部瓦斯が市内の 3,860 戸
に供給していました。中部瓦斯自体は空襲によってガスタンク 1 基、
倉庫 3 棟、作業場 1 棟、工具控室 1 棟が焼けましたが、空襲後もガス
製造をつづけ、送電の回復を待って 8 日後の 28 日から豊川海軍工廠
へガスを供給しました。しかし、市内の供給先 3,453 戸が被災してい
るのにもかかわらず、海軍工廠への供給を優先したため、市内へのガ

ス供給は 11 月 20 日まで止
まったままでした。また、海
軍工廠も 8 月 7 日の空襲で壊
滅したため、供給先を失い操
業を停止してしまいました。

### 復興への礎

　焼け野原となった市街地
を復旧させるため、市は 8
月 4 日に「戦時戦災地整備
規程」をつくり、整備にと

中部瓦斯のガスタンク

りかかりました。しかし、戦争中ということもあり、がれきの山となっ
た市街地の道路や民地の清掃をうながす程度でした。民地は所有者が、
道路や公共施設は、空襲被害の復旧などに全国民を動員するために 3
月につくられた国民義勇隊や学徒がおこないました。こうした混乱の
なかで、8 月 15 日に玉音放送が流れ、国民は日本の敗戦を知ること
となったのでした。

　敗戦という大きな社会の動きのなかで、市は 9 月 20 日に豊橋市復
興委員会を組織し、12 月に復興部を設けて本格的な復興作業がおこな
われることになりました。昭和 21（1946）年 5 月 3 日、戦災復興事業
の起工式が魚町で開かれ、ついに復興事業がはじまったのでした。以
後、新しく区画整理がなされ、街路、公園、墓地などが整備され、い
まの豊橋の基盤がつくられました。

　戦災復興事業土地区画整理が竣工し、大野佐長市長が戦災からの復
興を宣言し、豊橋公園内に戦災復興碑をたてたのは昭和 33（1958）年

10月17日であり、戦災からの復興まで13年余の歳月を要したので
した。

豊橋公園内の戦災復興碑

コラム

# 焼失した文化財

豊橋空襲では、悟真寺・龍拈寺・神宮寺の「吉田三ヶ寺」をはじめとした多くの寺院や神社が焼失しました。これら社寺には、寺宝や神宝として多くの文化財が所蔵されていましたが、建物と一緒に灰燼に帰したものが多くあります。ここでは、「いま残っていれば指定文化財となる可能性が高い」と思われるものをまとめて紹介します。

### 【悟真寺】

徳川家康から朱印状を受けた名刹で、山門、本堂、大書院、小書院などが整った大伽藍の寺院でした。江戸時代には家康・秀忠・家光の休憩所となり、朝鮮通信使の宿泊所ともなりました。

焼失前の悟真寺山門

明治11（1878）年の明治天皇行幸の際、大書院が行在所（仮宮）となり、昭和10（1935）年には市内で唯一の国史蹟に指定されました。

国史蹟「明治天皇豊橋行在所」

また、後陽成天皇の「六字名号」や後水尾天皇の「二村山懐紙」などの書をはじめ、「観経曼陀羅」などの書画や書籍が数点あったといわれています。

### 【龍拈寺】

今橋城主・牧野信成が建立した寺院で、本堂や書院などの大伽藍を備えていました。空襲では山門以外の堂宇を焼失しました。残った山門は江戸時代の建築として市

焼失前の龍拈寺本堂

指定文化財になっています。

　このほか、正親町天皇「勅書」などの書画や本尊十一面観音座像、鎌倉期の前立観音立像などの仏像が焼失しました。

## 【神宮寺】

　江戸時代初期から歴代吉田城主の祈願所となった寺院であり、本堂、護摩堂などの伽藍がありました。

　吉田藩家老・和田元長寄進の「伝教大師御筆経切」や吉田藩主・松平

吉田城主伊豆守除地状

信祝自筆の「千手観音画像」、同じく藩主・松平信祝寄進の「法華経」、さらには「吉田城主伊豆守除地状」や「久遠寿院准三宮御筆御令旨」などの書画がありました。

## 【吉田天神社】

焼失した吉田天神社 （吉田天満宮）

　いまの吉田天満宮のことで、寛永8（1631）年に吉田城主・松平忠利が社殿を、延宝2（1674）年に同じく城主の小笠原長矩が拝殿、楼門を建造しています。

　楼門には彦根藩に仕えた儒者・龍公美の扁額があり、拝殿の格天井には渡辺崋山筆の「月に雁」の天井画がありました。また、軸装された崋山書簡もありました。

渡辺崋山筆「月に雁」

渡辺崋山書簡

## 【妙圓寺】

　吉田城主・池田照政（輝政）によって開かれた寺院です。寺宝として、「豊臣秀次文書」「徳川秀忠八歳の絵」、また日蓮・日経・日円各上人の曼陀羅がありました。

### 金属供出と建物疎開

　戦時中は、空襲で焼失したもの以上に、龍運寺の鰐口のように、金属供出によって失われたものが多くありました。政府は、昭和16（1941）年に出した金属類回収令（2年後に改正）によって、兵器をつくるために、官民を問わず、あらゆるところからから金属を集めました。市内のほとんどの寺院も、銅鐘や仏具などの金属類を供出しました。

　また、市街地にあった神宮寺や蓮泉寺などでは、空襲に備えるための防火帯をつくるために、建物疎開で堂宇が壊されました。

　このように、戦争によって多くの文化財が消滅しました。また、各寺社には秘蔵された寺宝や神宝もあったことが予想され、人知れず焼失し、記録に残らないものも多くあったと思われます。

## 空襲で焼失した文化財一覧

| 番号 | 焼失文化財 | 時代 | 所在寺社 | 当時の住所 | 社格・宗派 | 備考 |
|---|---|---|---|---|---|---|
| 1 | 阿弥陀仏懸仏 | 江戸以前 | 牟呂八幡社 | 牟呂町 | 郷社 | |
| 2 | 赤門 | 不明 | 八幡社 | 東八町 | 指定村社 | |
| 3 | 渥美準慶使用槍 | 江戸以前 | 松山神社 | 花田町字松山 | 指定村社 | 穂先残存 |
| 4 | 渡辺崋山筆　格天井画「月と雁」 | 天保11年（1840） | 吉田天神社 | 新銭町 | 無各社 | |
| 5 | 渡辺崋山書簡 | 天保11年（1840） | 吉田天神社 | 新銭町 | 無各社 | |
| 6 | 龍公美筆　天満宮扁額 | 明和7（1770）年 | 吉田天神社 | 新銭町 | 無各社 | |
| 7 | 花祭神輿 | 寛文5（1665）年 | 白山比咩神社 | 新銭町 | 指定村社 | |
| 8 | 什器、書画、古文書焼失多数 | 不明 | 臨済寺 | 東田町字西郷 | 臨済宗 | |
| 9 | 本尊薬師如来 | 不明 | 安養寺 | 向山町字庚申下 | 臨済宗 | |
| 10 | 伽藍 | 江戸時代 | 龍拈寺 | 吉屋町 | 曹洞宗 | |
| 11 | 正親町天皇勅書 | 戦国時代 | 龍拈寺 | 吉屋町 | 曹洞宗 | |
| 12 | 本尊十一面観音座像 | 不明 | 龍拈寺 | 吉屋町 | 曹洞宗 | |
| 13 | 前立観音立像 | 鎌倉後期 | 龍拈寺 | 吉屋町 | 曹洞宗 | |
| 14 | 道元禅師木像 | 不明 | 龍拈寺 | 吉屋町 | 曹洞宗 | |
| 15 | 就中盛禅洞爽木像 | 慶長11年 | 龍拈寺 | 吉屋町 | 曹洞宗 | |
| 16 | 休屋宗官木像 | 慶長11（1606）年 | 龍拈寺 | 吉屋町 | 曹洞宗 | |
| 17 | 林良筆画幅 | 不明 | 龍拈寺 | 吉屋町 | 曹洞宗 | |
| 18 | 阿弥陀如来像 | 不明 | 長養院 | 吉屋町 | 曹洞宗 | |
| 19 | 本尊聖観世音菩薩座像 | 室町後期 | 悟慶院 | 吉屋町 | 曹洞宗 | |
| 20 | 本尊勢至菩薩像 | 不明 | 日進院 | 吉屋町 | 曹洞宗 | |
| 21 | 日蓮・日経・日円各上人の曼陀羅 | 不明 | 妙園寺 | 清水町 | 日蓮宗 | |
| 22 | 豊臣秀次文書 | 戦国時代 | 妙園寺 | 清水町 | 日蓮宗 | |
| 23 | 徳川秀忠八歳の絵 | 不明 | 妙園寺 | 清水町 | 日蓮宗 | |
| 24 | 石造十三層曼陀羅塔 | 不明 | 清宝院 | 中世古町字中世古 | 真言宗 | |
| 25 | 本尊釈迦如来座像 | 不明 | 花谷院 | 中世古町字中世古 | 曹洞宗 | |
| 26 | 摩利支天像 | 不明 | 花谷院 | 中世古町字中世古 | 曹洞宗 | |
| 27 | 吉田城主牧野大学除地状 | 戦国時代 | 神宮寺 | 紺屋町 | 天台宗 | |
| 28 | 吉田城主伊豆守除地状 | 江戸時代後期 | 神宮寺 | 紺屋町 | 天台宗 | |
| 29 | 千手観音画像 | 享保13（1728）年 | 神宮寺 | 紺屋町 | 天台宗 | 吉田藩主松平信祝自筆 |
| 30 | 伝教大師御筆経切 | 天保10（1839）年 | 神宮寺 | 紺屋町 | 天台宗 | 吉田藩家老和田元長寄進 |
| 31 | 天台智者大師筆経切 | 不明 | 神宮寺 | 紺屋町 | 天台宗 | |
| 32 | 久遠寿院准三宮御筆御令旨 | 江戸時代 | 神宮寺 | 紺屋町 | 天台宗 | |
| 33 | 久遠寿院准三宮御唱号 | 江戸時代 | 神宮寺 | 紺屋町 | 天台宗 | 公弁親王御筆 |
| 34 | 相實大和尚称号 | 不明 | 神宮寺 | 紺屋町 | 天台宗 | |
| 35 | 久遠寿院准三宮伝 | 江戸時代 | 神宮寺 | 紺屋町 | 天台宗 | |
| 36 | 天台大師和讃注 | 不明 | 神宮寺 | 紺屋町 | 天台宗 | |
| 37 | 法華経 | 享保13（1728）年 | 神宮寺 | 紺屋町 | 天台宗 | 吉田藩主松平信祝寄進 |
| 38 | 石像地蔵尊霊験記 | 安政2（1855）年 | 神宮寺 | 紺屋町 | 天台宗 | |
| 39 | 年中行事録 | 安政2（1855）年 | 神宮寺 | 紺屋町 | 天台宗 | |
| 40 | 念海法印勧化簿 | 享保13（1728）年 | 神宮寺 | 紺屋町 | 天台宗 | |
| 41 | 吉田藩主松平信明画書 | 江戸時代後期 | 仁長寺 | 花園町 | 真宗大谷派 | |
| 42 | 吉田藩主松平信順画書 | 江戸時代後期 | 仁長寺 | 花園町 | 真宗大谷派 | |

| 43 | 吉田藩主松平信璋書画 | 江戸時代後期 | 仁長寺 | 花園町 | 真宗大谷派 | |
|---|---|---|---|---|---|---|
| 44 | 吉田藩主松平信古書画 | 江戸時代後期 | 仁長寺 | 花園町 | 真宗大谷派 | |
| 45 | 石川丈山額面 | 江戸時代 | 仁長寺 | 花園町 | 真宗大谷派 | |
| 46 | 名家筆跡 | 不明 | 仁長寺 | 花園町 | 真宗大谷派 | |
| 47 | 茶道具 | 不明 | 仁長寺 | 花園町 | 真宗大谷派 | |
| 48 | 経蔵 | 江戸時代 | 浄円寺 | 花園町 | 真宗大谷派 | 市内最古文庫（文化頃） |
| 49 | 本尊聖世音菩薩座像 | 不明 | 喜見寺 | 新銭町 | 曹洞宗 | |
| 50 | 文殊菩薩像 | 平安時代後期 | 喜見寺 | 新銭町 | 曹洞宗 | |
| 51 | 宝冠釈迦如来半座像 | 不明 | 正林寺 | 花田町字東郷 | 曹洞宗 | 伝雲慶作 |
| 52 | 伽藍 | 江戸時代 | 悟真寺 | 関屋町 | 浄土宗 | |
| 53 | 明治天皇行在所（御殿） | 江戸時代 | 悟真寺 | 関屋町 | 浄土宗 | 国史蹟（昭和11年） |
| 54 | 開山寂翁上人書画 | 不明 | 悟真寺 | 関屋町 | 浄土宗 | |
| 55 | 開山書画 | 不明 | 悟真寺 | 関屋町 | 浄土宗 | |
| 56 | 後陽成院　六字名号 | 江戸時代 | 悟真寺 | 関屋町 | 浄土宗 | |
| 57 | 後水尾天皇　二村山懐紙 | 江戸時代 | 悟真寺 | 関屋町 | 浄土宗 | |
| 58 | 観智国師　三十五箇条 | 不明 | 悟真寺 | 関屋町 | 浄土宗 | |
| 59 | 長明四季物語写本 | 永禄元（1558）年 | 悟真寺 | 関屋町 | 浄土宗 | |
| 60 | 観経曼陀羅 | 不明 | 悟真寺 | 関屋町 | 浄土宗 | |
| 61 | 涅槃像 | 不明 | 悟真寺 | 関屋町 | 浄土宗 | |
| 62 | 書画・書籍 | 不明 | 悟真寺 | 関屋町 | 浄土宗 | 数千点 |
| 63 | 行戒上人　待郭公哥 | 不明 | 専称寺 | 関屋町 | 浄土宗 | |
| 64 | 佐藤白鱗　涅槃図 | 不明 | 専称寺 | 関屋町 | 浄土宗 | |
| 65 | 竹陰宛宗偏手翰 | 江戸時代 | 全宗軒 | 関屋町 | 浄土宗 | |
| 66 | 土肥二三　円相木額 | 江戸時代 | 法蔵院 | 関屋町 | 浄土宗 | |
| 67 | 本尊虚空蔵菩薩 | 不明 | 賢養院 | 上伝馬町 | 曹洞宗 | |
| 68 | 船町文庫 | 江戸時代 | 龍運寺 | 船町 | 浄土宗 | 文書数百点、書籍十数点 |
| 69 | 伝行基作観世音木像 | 不明 | 長全寺 | 花田町字斉藤 | 曹洞宗 | |
| 70 | 本尊薬師如来 | 不明 | 潮音寺 | 小池町字西海戸 | 曹洞宗 | |
| 71 | 塩満観音像 | 慶長21（1615）年 | 潮音寺 | 小池町字西海戸 | 曹洞宗 | 像は鎌倉初期か？ |
| 72 | 吉田城主松平資訓一望十景詩額 | 享保年間（1730頃） | 阿弥陀寺 | 王ヶ崎町字王郷 | 臨済宗 | |
| 73 | 植田義方・村上忠順詩篇 | 江戸時代 | 阿弥陀寺 | 王ヶ崎町字王郷 | 臨済宗 | |
| 74 | 本尊阿弥陀仏 | 不明 | 楽法寺 | 牟呂町字東脇 | 曹洞宗 | |
| 75 | 六地蔵尊 | 不明 | 楽法寺 | 牟呂町字東脇 | 曹洞宗 | |
| 76 | 本尊阿弥陀如来立像 | 不明 | 聖眼寺 | 下地町字豊中 | 真宗高田派 | |
| 77 | 聖徳太子像 | 鎌倉時代 | 聖眼寺 | 下地町字豊中 | 真宗高田派 | |
| 78 | 大罄 | 天和3（1683）年 | 聖眼寺 | 下地町字豊中 | 真宗高田派 | |
| 79 | 阿弥陀如来立像 | 不明 | 祐泉寺 | 下地町字豊中 | 真宗高田派 | |
| 80 | 薬師如来座像 | 平安時代後期 | 祐泉寺 | 下地町字豊中 | 真宗高田派 | |
| 81 | 首切地蔵尊 | 不明 | 永福寺 | 下地町字北村 | 曹洞宗 | |
| 82 | 乃木祠・楠公祠 | 明治 | | 東田町 | | 小野湖山邸跡 |

第7章

結語

米軍による豊橋への空襲は、昭和20（1945）年1月9日からはじまり、7月30日までつづきました。作戦ごとに分けて数えると、全部で22回です。ただ、記録されていないものもあわせると、実際の回数は22回以上あったという方が、より正しいといえます。

　空襲は大きくつぎの3種類に分けることができます。①マリアナ基地から出撃したB29爆撃機によるもの ②空母から出撃した海軍の艦載機によるもの ③硫黄島から出撃した陸軍の戦闘機のものです。B29爆撃機によるものは9回を数え、空母艦載機は12回、硫黄島からの陸軍戦闘機は1回とされていますが、硫黄島から飛んできたP-51戦闘機は、「臨機目標」といって、都度に目標を選んで攻撃することができたため、報告されていないものも多かったと思われます。B29爆撃機にくらべて、戦闘機、艦載機による攻撃は被害が少なかったので、記録されなかったのかもしれません。

　米軍の本土空襲は、3月10日の東京大空襲を境に、精密爆撃から無差別爆撃になっていきました。はじめは、昼間に、非常に高い高度から軍事目標を定めて投下したため、目標をはずした爆弾が多かったといいます。豊橋に落とされた爆弾も、八町、向山、小池と、陸軍の基地をねらったものがはずれたような落ち方をしています。また、米海軍の艦載機や米陸軍の戦闘機が、豊橋海軍航空隊基地や豊橋陸軍飛行場を11回も攻撃していたことは、いままで知られていませんでした。米軍が航空機による迎撃をいかに恐れていたかを物語っています。

　豊橋空襲の発生時刻については、一般的にいわれていた6月19日午後11時43分ごろと、米軍の「作戦任務報告書」による20日午前0時58分という、ふたつの説がありました。しかし、コラムでも述べたように、空襲直前に列車を運転していた川端氏の証言で、米軍報告

書の作戦開始時間が間違っていたことがわかりました。また、最初の
攻撃地点は先導隊による豊橋海軍航空隊基地であったこともわかりま
した。歴史学ではあたりまえですが、史料（記録）には誤りがあったり、
わざと事実と違うことが書かれることもあります。つねに史料批判を
おこないながら、真実をさぐる努力は、今後も必要なことといえます。

　さて、6月19日から20日にかけてあった豊橋空襲では、人的被害
は死者624人、重傷者229人、軽傷者117人にもなりました。罹災
者は6万8,502人で、罹災世帯は1万6,009世帯にもおよびました。
昭和15（1940）年の国勢調査における豊橋市の人口は14万2,716人、
世帯数は2万8,024世帯だったので、市民の約48%、世帯でみると約
57%が空襲の被害にあったのです。建物被害は、全焼全壊が1万5,886
棟、半焼半壊が109棟もあり、市街地の約70%が焼失したといわれ
ています。

　また、空襲後の6月29日には、劣悪な環境によって赤痢が発生し、
またたく間に広がっていきました。赤痢感染者数は1,459人にのぼり、
そのうち367人もの人が亡くなったのでした。これらは、空襲に起因
するものとして、空襲関連死と位置づけられます。

　昭和20（1945）年にあった小規模空襲で亡くなった人は40人、豊橋
空襲の直接被害で亡くなった人は624人、関連死として367人、あ
わせて1,031人が犠牲になりました。

　それでは、その豊橋空襲とはいったい何だったのでしょうか？　本
文にも述べたように、よく、「豊橋は軍都だったからねらわれた」と
いう人がいますが、それは正しくありません。米軍の「戦術作戦任務
報告書」に「ターゲットは豊橋市街地」とあるように、豊川海軍工廠
へ労働力を送りだすことをやめさせ、戦意をなくさせる目的でおこな

われたものであり、戦時国際法で禁止された一般市民を対象とした無差別爆撃でした。つまり、有史以来、豊橋が体験したことがない最大の災害(人為的災害)であったということができます。

あとがき

　昭和、平成が終わって、令和へと時代は移っていきます。数年前、地元の小学校の授業によばれ、豊橋空襲の話をしました。そこで空襲のことを尋ねたのですが、半分以上の子どもたちが知りませんでした。知っていても、ひいおじいさんの時代にあった歴史上のできごとという知識しかありませんでした。しかたがありません。戦争が終わってわずか18年後に生まれた筆者でさえ、子どものころ、戦争は大昔のできごとだと思っていたのですから。

　筆者が豊橋空襲のことを調べはじめたのは、平成24年に豊橋市中央図書館で行われた「平和を求めて」という図書館資料展のお手伝いをしたのがきっかけです。空襲を体験していた父の弘次に話を聞くと、いままで知らなかった空襲当日のこと、戦前の街のことをいろいろと話してくれました。内容をまとめて目録に載せるため原稿をみてもらおうとすると、父がひとこと「載せるのはやめてくれ」。理由を聞くと「死んだ人に申し訳ない」の一点ばり。いくら「記録を残すことが大事」だといって説得してもかたくなに断られました。最終的には、亡くなった方々の冥福を祈る旨の一文を入れるということでしぶしぶ認めてくれましたが、戦前の教育をうけた人の考え方をかいま見ました。

　豊橋空襲については、当時のようすを伝える写真が若干数残されています。しかし、白黒写真では、どうしても「昔のこと」と認識し、身近に感じないということをかねがね思っていました。今回、白黒写真をAI技術を援用してカラー化したところ、いままで気づかなかったものごとが読みとれ、大きな成果が得られました。また、筆者以外の人も、少なくとも大昔のこととは思わないのではないかと感じました。

　最後になりますが、一昨年の8月4日に父の弘次が他界しました。また1人、空襲体験者が減ったのです。もう空襲や戦前の話が聞けなくなったのは残念ですが、ここ数年でいろいろなことが聞き出せ、父と会話する機会が与えられた点は、良かったと思っています。本書は、私が豊橋空襲について調べたことの集大成です。教えてくれた父弘次に感謝し、墓前に報告したいと思います。

令和2(2020)年4月

# 参考・引用文献

愛知県神社庁神社誌編纂委員会　1969　『豊橋市神社誌』神社庁豊橋市支部：豊橋

秋田貞男　1944　『時刻表』第 20 巻第 11 号　財団法人東亜交通公社：東京

朝日新聞東京本社企画第一部編　1985　『ドキュメント写真集　日本大空襲』原書房：東京

阿部　聖　2005　『米軍資料から見た浜松空襲』愛知大学綜合郷土研究所ブックレット 12　あるむ：名古屋
　　　　　　2017　「豊田珍彦『豊橋地方空襲日誌』を読む（6）」『地域政策学ジャーナル』第 7 巻第 1 号
　　　　　　愛知大学地域政策学部地域政策学センター：豊橋

伊藤厚史　2016　『学芸員と歩く愛知・名古屋の戦争遺跡』六一書房：東京

岩瀬彰利　2016　『戦前の豊橋』人間社：名古屋

宇野　博　1970　『航空 70 年史』2　世界の翼別冊　朝日新聞社：東京

NHK スペシャル取材班　2018　『本土空襲全記録』KADOKAEA：東京

大口喜六　1916　『豊橋市及其附近』豊橋市教育会：豊橋

太田幸市　2007　「豊橋空襲の歴史事実」『豊橋軍事史叢話』上巻　三遠戦跡懇話会：豊橋

大森　修　1973　『豊橋財界史』　豊橋文化協会：豊橋

奥住喜重　1988　『中小都市空襲』　三省堂：東京

奥住喜重・早乙女勝元　2007　『新版・東京を爆撃せよ—米軍作戦任務報告書は語る—』三省堂：東京

惟野八束編　2002　『日米軍用機』別冊歴史読本 08 号　新人物往来社：東京

近藤恒次　1972　『時習館史』愛知県立時習館高等学校創立八十周年記念事業実行委員会：豊橋

近藤正典　1977　『大崎島』　豊橋文化協会：豊橋

近藤正典監修　1989　『写真集　豊橋いまむかし』　名古屋郷土出版社：名古屋

酒井直行等編　2007　『日本大空襲』別冊歴史読本 60 号　新人物往来社：東京

柴田常恵　1927　『愛知の史蹟名勝』三明社：東京

鈴木源一郎　1980　『ふるさとの思い出　写真集　明治大正昭和　豊橋』　国書刊行会：豊橋

精文館書店編　1944「最新豊橋市街地図 昭和 19 年」精文館書店：豊橋

第一復員省資料科　1983　『日本都市戦災地図』原書房：東京

鉄道省編　1940　『時間表』第 16 巻第 10 号　日本旅行協会：東京

中部瓦斯株式会社社史編纂委員会編　1976　『社史・中部瓦斯株式会社』中部瓦斯：豊橋

戸田聰子　2017　『戦前戦中豊橋思ひ出画帖』　求龍堂：東京

豊川流域研究会編　2015　『証言渥美線電車機銃掃射』豊川流域研究会：田原

豊田珍彦　1945　『豊橋地方空襲日誌』1 ～ 6　私家版

豊橋駅編　1957　『豊橋駅』回顧編 豊橋駅：豊橋

豊橋市編　1930　『豊橋市水道誌』豊橋市役所：豊橋

豊橋市編　1936　『豊橋市下水道誌』豊橋市役所：豊橋

豊橋寺院誌編纂委員会　1959　『豊橋寺院誌』豊橋仏教会：豊橋

豊橋市史編集委員会　1987　『豊橋市史』第 4 巻　豊橋市：豊橋

豊橋市書籍雑誌商組合　1939　「最新豊橋市街地図　番地入昭和 1 4 年」豊橋市書籍雑誌商組合：豊橋

豊橋市下水道 50 年史編さん委員会　1985　『豊橋市下水道五十年史』豊橋市下水道局：豊橋

豊橋市水道 50 年史編さん委員会　1980　『豊橋市水道五十年史』豊橋市水道局：豊橋

豊橋市総務部広報課　1966　『豊橋の 60 年』豊橋市：豊橋

豊橋市戦災復興誌編纂委員会　1958　『豊橋市戦災復興誌』　豊橋市役所：豊橋

豊橋市図書館　2018　『「平和を求めて　とよはし」展 平成 30 年度　第 1 回』豊橋市図書館：豊橋

豊橋市二川宿本陣資料館編　2006『絵葉書のなかの豊橋』　豊橋市二川宿本陣資料館：豊橋

豊橋市二川宿本陣資料館編　2012『絵葉書のなかの豊橋Ⅱ』豊橋市二川宿本陣資料館：豊橋

豊橋市民病院史編さん委員会　1972　『豊橋市民病院史』豊橋市民病院：豊橋

豊橋市役所　1927　『行幸記念　豊橋市寫真帖』豊橋市役所：豊橋

豊橋商工会議所　1932　『豊橋商工案内』昭和 7 版　豊橋商工会議所：豊橋

豊橋市神職会　1940　『紀元二千六百年記念　神社写真帖』豊橋市神職会：豊橋

豊橋鉄道創立 50 周年記念事業委員会編　1974　『豊橋鉄道 50 年史』豊橋鉄道株式会社：豊橋

豊橋百科事典編集委員会編　2006　『豊橋百科事典』　豊橋市文化市民部文化課：豊橋

那賀山乙巳文　1940　『豊橋縣社神明社　鎮座の由来と鬼祭』縣社神明社社務所：豊橋

那賀山乙巳文　1940　『白雲山神宮寺誌』神宮寺：豊橋

中西梅渓　1936　『躍進豊橋　市制三十周年記念写真』東海時事社：豊橋

中山伊佐男　2003　「『空襲損害評価報告書』に見る豊橋空襲」『空襲通信』第 5 号　空襲・戦災を記録され
　　　　　　る会全国連絡協議会：横浜

名古屋新聞社編　1933　『オール三河名勝史蹟遊覧地案内』名古屋新聞社：名古屋

夏目友次編　1992　『湊町町史』湊町町内会：豊橋

日本国有鉄道編　1962　『写真で見る国鉄 90 年史』日本国有鉄道：東京

日本国有鉄道　1972　『日本国有鉄道百年写真史』日本国有鉄道：東京

野原　茂編　2002　『写真集アメリカの爆撃機』光人社：東京

垳六会編　1984『花園わが町』　垳六会：豊橋

毎日新聞　1971　「豊橋空襲」昭和 46 年 7 月 7・8・9 日記事

丸地古城　1965　『臨済寺誌』臨済禅寺：豊橋

御津町史編さん委員会　1990　『御津町史』本文編　御津町　宝飯郡御津町：現豊川

御津町教育委員会　1983　『御津町制五十年写真集』　御津町　宝飯郡御津町：現豊川

山田誠二ほか　1989　『札木町四百年史』札木町内会：豊橋

山本松二　1930　『豊橋名勝案内』豊橋商工協会：豊橋

Headquarters Twentieth Air Force 1985『Tactical Mission Report』[大島信雄]

Damage assessment photo intelligence reports of Far Eastern targets filed by area and contain all available
information on the area: Hamamatsu Report No. 3-a(23), USSBS Index Section 7


【映像】
ARMY PICTORIAL SERVICE 1945「M-69 INCENDIARY BOMB」

■著者略歴

# 岩瀬 彰利（いわせ・あきとし）

1963年、愛知県豊橋市生まれ。
名古屋大学大学院文学研究科博士後期課程修了。博士（歴史学）。
専門は日本考古学（縄文時代の土器・貝塚）。
現職：豊橋市図書館副館長（主幹学芸員）
　　　東海学園大学人文学部非常勤講師（日本考古学）

【所属学会】
東海縄文研究会（事務局統括）、日本考古学協会（会員）、
考古学研究会（会員）、NPO法人東海学センター（会員）

【著書】
『戦前の豊橋』（単著：人間社）、『ここまでわかった日本の先史時代』（共著：角川出版）、
『中世のみちと橋』（共著：高志書院）、『関西縄文時代の集落・墓地と生業』（共著：六一書房）、
『海人たちの世界』（共著：中日出版）など

【論文】
「貝塚層位資料の信憑性」『考古学研究』第40巻第4号、
「愛知県における弥生貝塚について」『立命館大学考古学論集Ⅲ』、
「愛知県牟呂貝塚群におけるハマグリの選択的採取」『古代学研究』第171号、
「縄文・弥生時代移行期の経済基盤と社会」『東海縄文論集』など

令和に語り継ぐ

# 豊橋空襲

2020年4月16日 初版第1刷発行

| 著　　　者 | 岩瀬彰利 |
|---|---|

編 集 制 作　　樹林舎
　　　　　　　〒468-0052　名古屋市天白区井口1-1504-102
　　　　　　　TEL：052-801-3144　FAX：052-801-3148
　　　　　　　http://www.jurinsha.com/

発 行 所　　　株式会社人間社
　　　　　　　〒464-0850　名古屋市千種区今池1-6-13　今池スタービル2F
　　　　　　　TEL：052-731-2121　FAX：052-731-2122
　　　　　　　http://www.ningensha.com/

印 刷 製 本　　モリモト印刷株式会社